O Povo Cigano na Umbanda

Rituais, Tronos, Elementos, Arquétipos,
Oráculos, Magias e Oferendas

Evandro Otoni

O Povo Cigano na Umbanda

Rituais, Tronos, Elementos, Arquétipos,
Oráculos, Magias e Oferendas

MADRAS®

© 2025, Madras Editora Ltda.

Editor:
Wagner Veneziani Costa (*in memoriam*)

Produção e Capa:
Equipe Técnica Madras

Revisão:
Ana Paula Luccisano
Arlete Genari

Dados Internacionais de Catalogação na Publicação
(CIP)(Câmara Brasileira do Livro, SP, Brasil)

Otoni, Evandro
O povo cigano na umbanda: rituais, tronos, elementos, arquétipos, oráculos, magias e oferendas/Evandro Otoni. – São Paulo: Madras, 2025.

ISBN 978-65-5620-026-2

    1. Ciganos 2. Ciganos – Ensinamentos
    3. Espiritualidade 4. Umbanda 5. Umbanda (Culto)
    6. Umbanda (Culto) – Rituais I. Título.

21-76007   CDD-299.672

    Índices para catálogo sistemático:
    1. Ciganos: Umbanda   299.672
    Eliete Marques da Silva – Bibliotecária – CRB-8/93

Todos os direitos desta edição reservados pela

 **MADRAS EDITORA LTDA.**
Rua Paulo Gonçalves, 88 – Santana
CEP: 02403-020 – São Paulo/SP
Tel.: (11) 2281-5555 • (11) 98128-7754
www.madras.com.br

Agradecimentos

Saudações, meus irmãos em Oxalá!

É com muita satisfação que venho trazer até vocês esta obra que foi escrita com o objetivo de tornar o mais compreensível possível a linha dos Ciganos na Umbanda. Não é uma tarefa fácil, pois muito se mistura a vida fascinante dos ciganos encarnados com a dos espíritos que hoje trabalham nas linhas de Umbanda praticando a caridade junto a seus médiuns.

Que seja muito claro que existem várias verdades, e esta é uma delas, que me foi passada pelo Cigano Ramiro. Não sou codificador, muito menos dono da verdade; estou apenas repassando fundamentos que me foram ensinados nestes 17 anos por nosso Pai Ramiro.

Nesta obra, tentei simplificar ao máximo a linguagem para que se tornasse algo compreensível a todos, pois o intuito é gerar conhecimento para que seja repassado e perpetuado, facilitando a prática e o entendimento desta linha de trabalho tão fascinante.

Quero agradecer aqui a algumas pessoas que foram essenciais neste trabalho: à minha família, pelo apoio incondicional de sempre; aos médiuns do Colégio de Umbanda Sagrada Cacique Tupã, com quem continuo meu aprendizado todos os dias; à minha companheira de jornada Sandra Santos, amiga de todas as horas; à minha irmã Arlete Genari, que com toda sensibilidade e experiência me conduziu à organização desta obra; ao meu saudoso Pai e Mestre insubstituível Rubens Saraceni, fonte diária de inspiração; e, por fim, ao meu amado Cigano Ramiro, pelo ensinamento e pela confiança de me transmitir um pouco de seu conhecimento.

Que esta obra seja esclarecedora a todos os nossos irmãos leitores, e que Santa Sara, meu Pai Cigano Ramiro e todo o Povo Cigano os iluminem e os guiem.

Índice

Apresentação

Meus queridos irmãos em Oxalá, é com imensa alegria que, a partir deste livro, daremos início ao estudo do amado Povo Cigano, linha de trabalho espiritual na Umbanda.

Por muitos anos, encontramos diversas rejeições colocadas pelos sacerdotes sobre essa linha de trabalho. Alguns trabalham com os Ciganos de forma bastante discreta, inserindo-os em alguma linha de trabalho, como Baianos ou até mesmo na esquerda, ou pelo menos tentam, outros não os aceitam nem mesmo como uma linha de trabalho e, assim, o Povo Cigano vem resistindo há décadas.

Mas vamos lá, convido vocês, irmãos leitores, a fazerem uma análise sobre o caso, ou sobre os casos, como veremos no andar da carruagem.

Primeiramente vamos voltar ao princípio da Umbanda, com nosso saudoso pai Zélio Fernandino de Moraes, e nosso patrono, o Caboclo das Sete Encruzilhadas, o qual deixa claro em sua colocação que se torna a grande regra dogmática da religião Umbanda: aceitar e trabalhar com todos os espíritos, que nenhum seja rejeitado, todos de alguma forma serão encaixados e aproveitados, nesta grande edificação e reformulação espiritual.

Lembremos, pai Zélio de Moraes foi o "princípio" de toda esta organização. Como em todas as religiões, vários outros continuadores virão, e assim vão dando o seguimento, a evolução e a organização religiosa necessária.

Podemos notar claramente a diferença da Umbanda de 1908 e da de 2020, são 112 anos de muitas mudanças e adequações, e muitas outras ainda virão, pois sempre surgirão necessidades, tanto no plano espiritual quanto no plano material, e estas tendem a ser sanadas pelos seus continuadores, certo?

Todo tipo de rejeição voltada ao espírito e à matéria não condiz com as leis de Umbanda. Não podemos sucumbir às linhas de trabalho por conta de fundamentalismos, elas não foram inventadas por ninguém, brotam dentro dos templos de Umbanda de forma unânime e no mundo inteiro ao mesmo tempo, assim, podemos ter certeza de que é uma ação verdadeira.

A manifestação se dá por si só, sem anúncios, e, aos poucos, vai dando forma e cor, fortalecendo-se e fundamentando seus trabalhos quase como uma invasão para ganhar espaço, e o que é certo, para que não tenham os aproveitadores querendo apadrinhar ou até mesmo dizer que criaram a linha de trabalho.

Os Ciganos, como já afirmei no início, estão pleiteando esse espaço já há décadas, e ainda em 2021 encontramos forte rejeição nos templos de nossa religião, e isso é inadmissível!

Com essas ações, estamos infringindo o fundamento dogmático do Caboclo das Sete Encruzilhadas de receber todos sem distinção, e, quem sabe, um pouco do sofrimento desses espíritos quando encarnados, que acatam e abraçam essa linha de trabalho com muito carinho.

Não só isso, os Ciganos também são detentores de uma cultura vastíssima de elementos magísticos e conhecedores profundos dos elementos da natureza humana.

Vamos parando por aqui para que possamos iniciar nosso estudo, e que ele seja transformador e esclarecedor a todos.

Salve o Povo Cigano!

Arriba, Povo Cigano!

Ciganos Encarnados
e Ciganos Espirituais

Iniciando nosso estudo, pensei muito em como dar introdução a este trabalho de uma forma lógica. Há anos venho me defrontando com diversas indagações e comparações sobre a cultura das famílias ciganas (encarnadas) e o trabalho dos Ciganos (espíritos na Umbanda), e isso acaba se tornando um confronto de ideias.

Temos vários escritores produzindo livros para facilitar o entendimento, mas a realidade é que o caso vem se complicando ainda mais, pois as informações se misturam e acabam dando vazão a indagações sem base do que é religioso de Umbanda e o que é cultural das famílias, coisas que, é claro, são bem distintas! Assim se dá com o povo indígena e com os Caboclos na Umbanda e, igualmente, com o povo africano e os Pretos-Velhos.

Com os Ciganos, deveríamos vê-los com clareza, porém não foi assim que se deu, e aí então se criou esse grande empasse, mas aqui tentaremos remediá-lo.

Assim como nas linhas de trabalho que citamos anteriormente, os Ciganos não mantêm uma cultura de vivência terrena, são mantidos alguns aspectos no arquétipo espiritual, mas não a cultura em sua totalidade, pois seria uma questão muito complexa. Imaginem quantas tribos indígenas existem ou existiram no mundo no decorrer dessas centenas de anos? Todas elas eram iguais culturalmente ou em seus aspectos físicos? Claro que não; portanto, de modo algum poderemos afirmar que a linha dos Caboclos vela por determinada cultura em sua totalidade. Temos, sim, um resquício muito pequeno delas.

E dessa mesma forma se dá com a linha dos Ciganos, que não devem ser comparados com as famílias e as culturas dos clãs terrenos. São momentos distintos. Para os terrenos, é a vivência de sua trajetória cármica; e para os espíritos, a vivência de sua evolução no plano superior astral.

A expansão mental e a espiritual se dão de formas totalmente distintas e não abrem precedentes a tais comparações que tanto vemos do uso inconsciente e inconsequente da cultura das famílias ciganas dentro dos templos, isso é inadmissível, temos de preservar cada qual em seu devido lugar e no seu tempo.

Quero deixar aqui uma reflexão sobre os arquétipos utilizados pelos espíritos que se manifestam na Umbanda. Para fazer parte de uma linha de trabalho na Umbanda, o espírito tem de ter ligação com a regência dessa linha, não havendo a necessidade de ser a sugerida no tema. Exemplificando: não há a necessidade de ter nascido na Bahia para fazer parte da linha dos Baianos; não é preciso ter sido tocador de boiadas para ser inserido na linha de Boiadeiros e, é claro, não há necessidade de ter vivenciado em sua trajetória terrena na cultura cigana para hoje se manifestar na linha dos Ciganos espirituais de Umbanda. Lembrando mais uma vez: o pré-requisito é espiritual e não material.

Introdução ao Contexto Histórico

O surgimento do povo cigano deu-se na Índia, logo já migraram de forma nômade para diversos locais do mundo, não se enraizando em nenhum país, não mantendo uma pátria de origem, nem mesmo a Índia.

Essa condição dos ciganos, que já é milenar, nem sempre foi bem-vista. Em muitas partes do mundo, foram vistos como vadios, vagabundos e criminosos, muito temidos e discriminados por onde quer que passassem. Claro que isso não era verdadeiro, mas o imaginário popular e o preconceito ganharam corpo e tornaram-se miragens em realidades mesmo que falsas.

No decorrer da história: temos o pior momento de todo o povo cigano: quando passaram a ser perseguidos por Adolf Hitler e enviados aos campos de concentração, sujeitos aos horrores do Holocausto. Nessa época, foram mortos e dizimados mais de um milhão de homens, mulheres e crianças ciganas, de forma extremamente cruel e impiedosa.

Mas por que temos de saber disso? Simples, tendo em vista que temos outras linhas na Umbanda com o mesmo peso histórico, que são as linhas de Caboclos, Pretos-Velhos e outros que também passaram por esses horrores, existe a necessidade de um direcionamento espiritual por causa do grande número de espíritos desencarnando ao mesmo tempo.

Analisando esses diversos fatores, vemos que a linha dos Ciganos é mais do que uma realidade na Umbanda, é uma necessidade espiritual!

Curiosidade

O Dia Nacional do Cigano é comemorado oficialmente no Brasil em 24 de maio, por ser o dia dedicado à Santa Sara Kali, padroeira dos povos ciganos, e foi comemorado pela primeira vez em 24 de maio de 2007.

O povo cigano inclui os Roms, Sintos e Calons, grupos formados da diáspora de um povo nômade originário do norte da Índia, que passou por várias regiões do Oriente Médio e Europa, depois se espalhou por outros continentes.

O Dia Nacional do Cigano foi instituído em 25 de maio de 2006, por meio de decreto assinado pela Presidência da República, em reconhecimento à contribuição da etnia cigana na formação da história e da identidade cultural brasileira.

Em 8 de abril, é comemorado o Dia Internacional dos Ciganos (International Romani Day), que são a maior minoria étnica na Europa, perfazendo 8 milhões de pessoas. A data foi criada pela Organização das Nações Unidas (ONU) em 1971, por meio de ampla campanha liderada pelo ator americano cigano Yull Brynner.

Santa Sara Kali, a Santa Cigana

A Umbanda foi fundada em 1908 e, desde o seu princípio, se mostrou como uma religião sincrética. Cada um dos Orixás recebeu uma sincretização dentro de nossa religião, e isso foi muito benéfico, pois aproximou muitas pessoas, levando-as a um entendimento maior sobre os Orixás, esclarecendo suas ligações com o sincretismo.

Como sabemos, a sagrada linha dos Ciganos na Umbanda é sustentada pelo Sagrado Trono da Justiça Divina, mais diretamente pela Sagrada Orixá Oroiná, enquanto Xangô recebe todo o Povo do Oriente, que abrange vários povos, não só os Ciganos.

Oroiná é o Mistério Divino do Fogo Cósmico, e Santa Sara é sua representante junto à linha de trabalho dos Ciganos na Umbanda.

História de Santa Sara

Santa Sara é padroeira do povo cigano, das mulheres que querem engravidar, do bom parto, dos exilados, dos ofendidos, dos desamparados, bem como dos desesperados e aflitos.

Uma tradição cristã bastante antiga identifica Santa Sara como a servente de uma das três Marias que acompanharam Jesus Cristo na via dolorosa e permaneceram firmes ao lado d'Ele, até o momento de sua crucificação e morte.

A tradição diz que, por causa da perseguição contra os primeiros cristãos em Israel, Sara, Maria Salomé (mãe dos apóstolos Tiago e João), Maria Jacobina (irmã de Nossa Senhora), Maria Madalena, os irmãos Marta, Maria e Lázaro, e um cristão chamado Maximino foram colocados em um barco, o qual foi solto à deriva no Mar Mediterrâneo, sem remos e sem velas. Era por volta do ano 48 d.C.

Sara e todos os que estavam no barco permaneceram o tempo todo em oração, pedindo a Deus o milagre de chegarem sãos e salvos a uma terra segura para viver e anunciar o Evangelho. Sara era uma das que mais pediam e rezavam. E prometeu que, se chegassem a salvo, dedicaria (como já o fazia) toda a sua vida à causa do Evangelho, onde quer que fosse preciso.

O barco à deriva chegou à França com todos milagrosamente sãos e salvos. A pequena embarcação chegou à cidade francesa que hoje se chama Saintes-Maries-de-La-Mer (Santas Marias do Mar) em homenagem às santas mulheres que ali chegaram conduzidas pela providência divina.

Ainda dentro do barco à deriva, Sara prometeu também que, se chegassem a salvo, usaria um lenço sobre seus cabelos para o resto de sua vida. Para as mulheres da Palestina, o lenço cobrindo os cabelos era sinal de pureza. Assim, Santa Sara cumpriu sua promessa, vivendo uma vida de pureza dedicada a Jesus Cristo.

Os pés da imagem de Santa Sara, na pequena cidade francesa, estão sempre cheios de lenços. Isso acontece porque as mulheres que pedem a ela alguma graça e alcançam, prometem colocar um lenço a seus pés, também por causa do lenço que a própria Santa Sara usou.

O apelido ou sobrenome atribuído a Santa Sara é Kali, que quer dizer "negra" em hebraico. Por isso, nas imagens, Santa Sara é representada como uma mulher de pele negra ou mulata, trazendo sobre a cabeça seu famoso lenço, símbolo de sua pureza e consagração a Deus.

Ela é vista também como a mulher que ajudou Maria Santíssima na hora do nascimento de Jesus Cristo. Por isso as mulheres ciganas lhe são muito devotas, e as que não conseguiam ter filhos começaram a rezar e prometer ir à cidade de Saintes-Maries-de-La-Mer, para agradecer.

Santa Sara foi canonizada em 1712, sendo homenageada e celebrada em dois dias, 24 e 25 de maio, quando um grande número de ciganos e devotos vai para a pequena cidade da França. Lá realizam uma grande procissão desde a igreja até o mar, onde o barco à deriva chegou, com muitas orações e cantos alegres, como é próprio dos ciganos. Quando chegam ao mar fazem silêncio e colocam uma parte da imagem da Santa dentro da água, simbolizando sua vinda da Palestina para a França. Depois voltam em festa para a igreja de Santa Sara.

A imagem de Santa Sara está depositada na cripta, ou seja, na parte subterrânea da igreja de Saint Michel. Lá também estão depositados os ossos da Santa, guardados como relíquias sagradas, em virtude de tudo o que essa grande mulher viveu em sua vida, desde ajudar no parto de Nossa Senhora até acompanhar a morte de Jesus Cristo na cruz.

Oração à Santa Sara

"Santa Sara, minha protetora, cubra-me com seu manto celestial. Afaste as negatividades que porventura estejam querendo me atingir. Santa Sara, protetora dos ciganos, sempre que estivermos nas estradas do mundo, proteja-nos e ilumine nossas caminhadas.

Santa Sara, pela força das águas, pela força da Mãe-Natureza, esteja sempre ao nosso lado com seus mistérios. Nós, filhos dos ventos, das estrelas, da Lua cheia e do Pai, só pedimos a sua proteção contra os inimigos.

Santa Sara, ilumine nossas vidas com seu poder celestial, para que tenhamos um presente e um futuro tão brilhantes como são os brilhos dos cristais.

Santa Sara, ajude os necessitados; dê luz para os que vivem na escuridão, saúde para os que estão enfermos, arrependimento para os culpados e paz para os intranquilos.

Santa Sara, que o seu raio de paz, de saúde e de amor possa entrar em cada lar, neste momento.

Santa Sara, dê esperança de dias melhores para essa humanidade tão sofrida.

Santa Sara milagrosa, protetora do povo cigano, abençoe todos nós, que somos filhos do mesmo Deus.

Santa Sara, rogai por nós. Amém!"

Tronos Divinos de Deus

Entraremos agora em uma questão teológica acerca de Deus e de suas divindades, pois são nelas que encontraremos o princípio e a origem de tudo, facilitando assim nosso estudo e entendimento sobre a sagrada linha dos Ciganos e das Ciganas na Umbanda.

Antes de falarmos sobre os tronos divinos de Deus, vamos entender um pouco sobre o que significa "Divindade". O termo divindade pode-se aplicar tanto a Deus (divindade suprema) quanto aos seres que possuem sua qualidade divina.

São capacidades que se estendem até os espíritos que trazem de sua geração em Deus habilidades e qualidades que foram herdadas d'Dele, que em si foram se desenvolvendo, tornando-se benéficas aos seres, e esse fato os qualifica como espíritos divinizados.

Vejamos as hierarquias de divindades:

1º Deus

2º Divindades naturais

3º Seres de natureza divina

4º Espíritos divinizados (Jesus, Nossa Senhora, etc.)

5º Espíritos trabalhadores (guias espirituais).

Compreendendo o posicionamento hierárquico das divindades que se inicia em Deus e termina nos espíritos trabalhadores, vamos ao entendimento dos Tronos Sagrados de Deus, que nada mais são do que suas qualidades divinas exteriorizadas.

São nomeadas como divindades naturais ou Orixás naturais, divididos em sete tronos bipolarizados e qualificados. Cada trono tem em si assentadas duas energias, sendo uma universal e a outra cósmica, uma feminina e uma masculina.

Esses tronos são sustentadores e mantenedores de toda Criação e de seu equilíbrio, são a onipresença, a onipotência, a oniquerência e a onisciência de Deus junto à sua edificação.

Cores Irradiadas pelas Divindades Naturais de Deus

DIVINDADE	CORES
Oxalá	branco
Logunan	cinza fumê preto-branco azul-marinho
Oxum	rosa
Oxumaré	azul-turquesa
Oxóssi	verde
Obá	magenta marrom terroso
Xangô	vermelho marrom
Oroiná	laranja
Ogum	azulão vermelho
Iansã	amarelo

Obaluaiê	violeta preto-branco
Nanã Buruquê	lilás
Iemanjá	azul-claro
Omolu	preto-vermelho-branco roxo
Exu	preto
Pombagira	vermelho encarnado

Pontos de Forças Naturais das Divindades de Deus

Surgem muitas ideias do imaginário popular sobre os locais onde fazer trabalhos ou oferendas para os Ciganos. Estudamos os pontos de força na natureza justamente para que tenhamos entendimento de que o ponto de força para os Ciganos não são os caminhos e as estradas, mas estão de acordo com a regência de cada um.

Dessa forma, teremos o ponto de força específico, e isso é muito importante; lembrem-se, a divindade canaliza sua força naquele local específico, certo? Portanto, fazendo qualquer ato religioso nele, estaremos enviando ao endereço certo, e ainda com energia redobrada, potencializada por esse meio natural sagrado.

Deixem então para oferendar nos caminhos e nas estradas os Ciganos que vibram sob a irradiação do Senhor Ogum, pois ali, sim, é o seu meio natural original.

Vamos aos exemplos.

CIGANOS(AS) CRISTALINOS (DOS CRISTAIS)
- Com vibração no campo da Fé = OXALÁ = campo aberto.
- Com vibração no campo da religiosidade = LOGUNAN = campo aberto da calunga.

CIGANOS(AS) MINERAIS (DAS PEDRAS)

- Com vibração no campo do Amor = OXUM = rios e cachoeiras.
- Com vibração no campo da renovação = OXUMARÉ = rios e cachoeiras.

CIGANOS(AS) VEGETAIS (DAS PLANTAS)

- Com vibração no campo do conhecimento e do saber = OXÓS-SI = matas.
- Com vibração no campo da concentração = OBÁ = terra das matas.

CIGANOS(AS) ÍGNEOS (DO FOGO)

- Com vibração no campo da justiça e do equilíbrio = XANGÔ = montanhas, serras, locais de grande altitude, etc.
- Com vibração no campo da purificação = OROINÁ = montanhas, serras, locais de grande altitude, etc.

CIGANOS(AS) EÓLICOS (DO AR)

- Com vibração no campo da lei e da ordem = OGUM = caminhos e campinas.
- Com vibração no campo do direcionamento e do movimento = IANSÃ = pedreira e locais com grande concentração de corrente de ar.

CIGANOS(AS) TELÚRICOS (DA TERRA)

- Com vibração no campo da estabilidade e das passagens = OBALUAIÊ = cruzeiro (locais consagrados), terra úmida e cemitérios.
- Com vibração no campo da maturidade = NANÃ BURUQUÊ = lagoas, terras lodosas e barrentas.

CIGANOS(AS) AQUÁTICOS (DA ÁGUA)

- Com vibração no campo da criatividade = IEMANJÁ = mar e todos os locais aquáticos.
- Com vibração no campo da paralisação = OMOLU = campo-santo (cemitério) e terras arenosas.

Os Arquétipos

Na religião Umbanda, os espíritos são agrupados pela regência das Divindades e, logo após, qualificados em linhas de trabalho, também chamadas de falanges espirituais.

Cada uma dessas linhas tem um espírito regente que detém um Nome-Mistério, formado por meio dos cruzamentos energéticos com as divindades afins. Complexo, não é? Vamos ao exemplo para facilitar.

Caboclo Pedra Verde

O Caboclo Pedra Verde é um espírito que por suas afinidades/pendências trabalha em nome da Sagrada Senhora Oxum dos minerais e do Sagrado Senhor Oxóssi das matas.

Portanto, a regência desse Caboclo é de Oxóssi e Oxum. É um espírito agregador dos seres por meio dos campos do conhecimento.

A partir daí entendemos a primeira missão desse Caboclo, que é agrupar em sua falange todos os espíritos que são afins com esse mistério, sob sua guarda; assim, mediante a agregação do conhecimento.

Com os espíritos sendo atraídos, cria-se então a falange do Caboclo Pedra Verde, e todos os espíritos ao término de seu preparo receberão o seu plasma energético, isso mesmo, uma forma plasmática, como se fosse um uniforme, para que trabalhem em nome da

Falange do Caboclo Pedra Verde e sigam o grau escalar até chegar ao grau máximo 77, no qual o espírito vai ao encontro de novos rumos ou se ascensiona e passa a seguir a criação, a partir do plano celestial, ou cria uma nova linha de trabalho, sendo o tutor criador de outro colegiado espiritual.

Resumidamente, é assim que funcionam as linhas arquétipas de trabalho na Umbanda.

Portanto, voltando mais especificamente ao nosso estudo, cada linha de trabalho dos Ciganos e Ciganas é uma falange que abriga milhares de espíritos que se afinam por regência natural ou carmicamente com as divindades Xangô e Oroiná e, posteriormente, com as divindades secundárias qualificadoras do colegiado. Como assim? Explico.

Xangô e Oroiná são os regentes naturais dos Ciganos na Umbanda e isso é uma base, não se altera de forma alguma.

Então, toda vez que citamos as linhas de trabalho ciganas (ou falanges, como queiram), citaremos primeiramente Xangô Oroiná, e depois as divindades secundárias ou até mesmo terciárias qualificadoras daquela falange.

Por exemplo:

CIGANA ROSA

CIGANA = Trono da Justiça (divindades primárias) = base.

ROSA = amor = Oxum (divindade secundária) = qualificadora.

Temos na Cigana Rosa uma entidade purificadora e equilibradora e dos sentimentos.

CIGANA ROSA DOS VENTOS

CIGANA = Trono da Justiça (divindades primárias) = base.

ROSA = Oxum (divindade secundária) = qualificadora.

VENTOS = Iansã (divindade terciária) = especificador.

Portanto, temos na Cigana Rosa dos Ventos uma entidade equilibradora e movimentadora dos sentimentos.

Viram? Não é tão complicado. Com essas informações podemos ter certeza sobre os regentes básicos, secundários, terciários ou sétuplos, dos pontos de força, das cores, dos itens previstos em uma oferenda e por aí vai. Vejam mais alguns exemplos.

CIGANA ESMERALDA

CIGANA = Oroiná.

ESMERALDA = Mineral de Oxóssi.

Portanto, suas cores serão laranja e verde, respectivamente, como o Mistério da Sagrada Oroiná, que encontramos em montanhas e locais altos, e o de Oxóssi, que encontramos nas matas. Então, o lugar ideal para se oferendar essa cigana seria nos locais altos de uma mata; logo, entenderemos que a Cigana Esmeralda é uma linha cigana regida por Oroiná e Oxóssi.

Fácil, não? Sim! Muito fácil e esclarecedor. Vamos agora a um nome um pouco mais complexo.

CIGANA ROSA ANDARILHA

CIGANA = Oroiná.

ROSA = Oxum.

ANDARILHA = Iansã.

Portanto, Oroiná, como dito anteriormente, encontraremos em locais altos, Oxum nos rios e cachoeiras, e Iansã nas pedreiras. Assim, os locais ideiais para oferendarmos essa linha das Ciganas Rosas Andarilhas seriam as cachoeiras altas. As cores irradiadoras de seu mistério serão o laranja (presente em todas as linhas de Ciganos e Ciganas), o rosa de Oxum e o amarelo de Iansã, Orixás que são regentes desta magnífica força de trabalho.

Entraremos agora em um universo ainda mais complexo e muito utilizado e encontrado dentro dos nomes dos guias Ciganos manifestadores dos mistérios na Umbanda. São os nomes próprios, dos quais milhares desses espíritos se servem. Para essa interpretação, teremos de recorrer também ao dicionário de nomes.

CIGANO JUAN = João.

CIGANO = Oroiná.

JUAN = sincretizado como João Batista, que na Umbanda representa Xangô.

Portanto, encontraremos tanto Oroiná quanto Xangô em locais altos, então a oferenda à linha dos Ciganos Juan será sempre em lugares altos, suas cores serão respectivamente laranja e vermelho, mas encontraremos também o marrom. Seus mistérios e elementos estão ligados puramente ao Trono da Justiça, Xangô e Oroiná.

CIGANA CARMENCITA

CIGANA = Oroiná.

CARMENCITA = CARMEM = CANÇÃO/MELODIA = SONORIDADE = OGUM.

Então, Ogum será encontrado em campinas e caminhos, portanto a melhor oferenda a essa linha das Ciganas Carmencitas será em locais altos onde se encontram caminhos e/ou campinas. As cores a serem utilizadas por essa força serão laranja, azul-escuro ou vermelho, e sua regência será de Oroiná e Ogum.

CIGANO ALESSANDRO

CIGANO = Oroiná.

ALESSANDRO = defensor da humanidade = Ogum.

Portanto, assim como a linha das Carmencitas citadas anteriormente, sua oferenda será em campinas ou caminhos em locais altos, e sua regência de Oroiná e Ogum, sendo irradiados pelas cores laranja, azul-escura e vermelha.

Ciganos na Umbanda e os Tronos Sagrados

Como já dissemos, cada uma das linhas dos Ciganos está relacionada aos sagrados Tronos de Deus e atuam sobre os seres com sua energia.

Um Cigano da fé atua sobre os seres com uma energia cristalizadora e congregadora dos sagrados Orixás Oxalá e Logunan. Assim sendo, cada falange de espíritos trabalhadores Ciganos é representante dos Mistérios Divinos de cada uma das divindades assentadas à direita ou à esquerda de um dos Sete Tronos Sagrados de Deus.

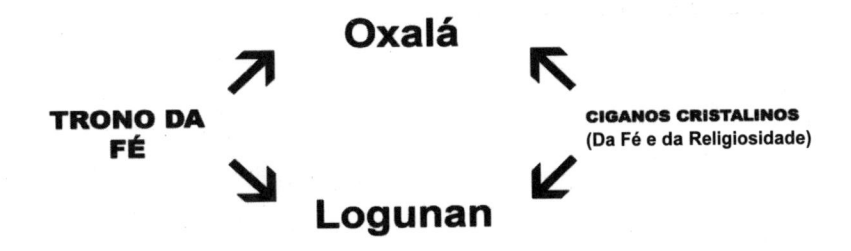

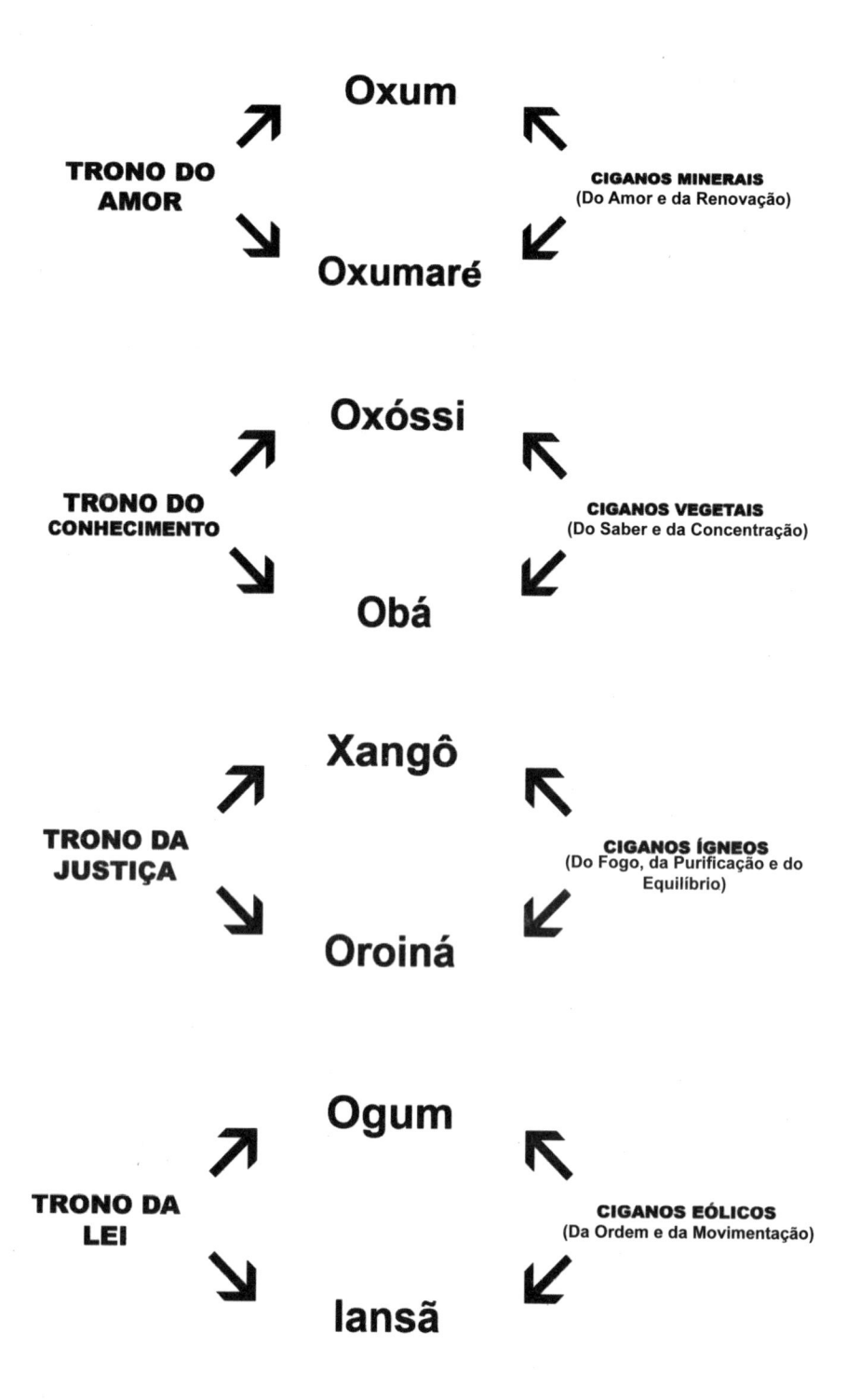

Oxum

TRONO DO AMOR

CIGANOS MINERAIS
(Do Amor e da Renovação)

Oxumaré

Oxóssi

TRONO DO CONHECIMENTO

CIGANOS VEGETAIS
(Do Saber e da Concentração)

Obá

Xangô

TRONO DA JUSTIÇA

CIGANOS ÍGNEOS
(Do Fogo, da Purificação e do Equilíbrio)

Oroiná

Ogum

TRONO DA LEI

CIGANOS EÓLICOS
(Da Ordem e da Movimentação)

Iansã

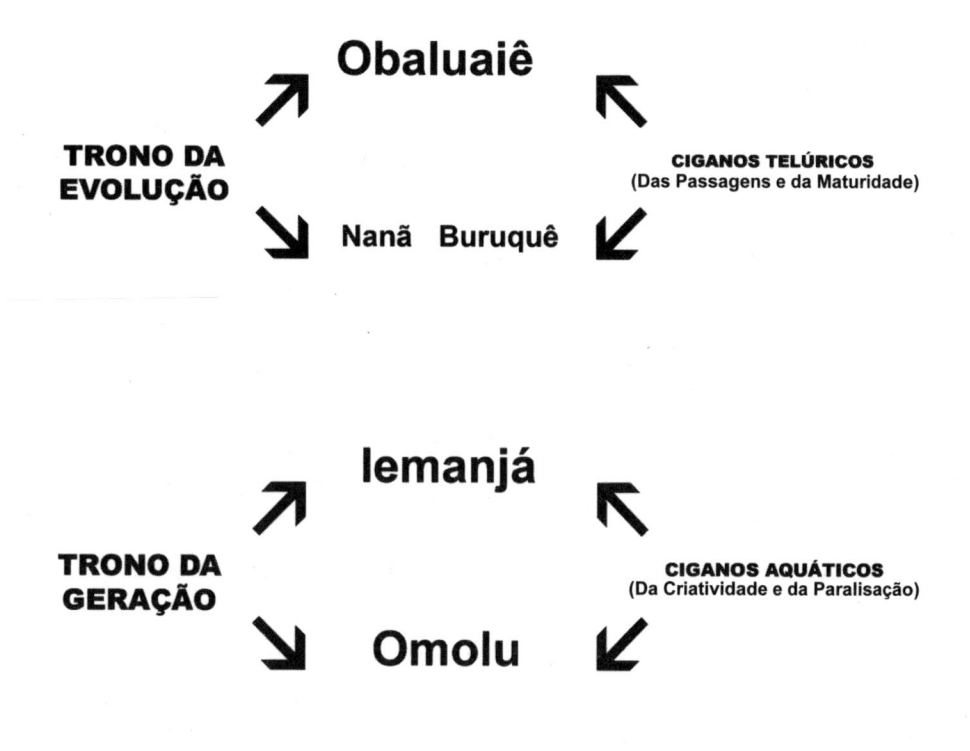

A seguir, falaremos um pouco mais sobre cada uma dessas divisões dos Ciganos.

Ciganos e Ciganas da Fé e da Religião

São espíritos que foram atraídos para essa linha por sua forte ligação com o sacerdócio religioso, que em algum momento de sua existência exerceu. Suas funções são estimular, impulsionar e congregar as pessoas no sentido da fé e do exercício da religião. São ótimos conselheiros e esgotadores de mágoas e tristezas encrostados nos corpos espirituais.

Elementos: cristais translúcido e fumê.

As Ciganas costumam trabalhar com cristais nas pontas de uma varinha de figueira ou mangueira. São conhecidas como Ciganas magas ou feiticeiras, com grandes conhecimentos de encantamentos lunares e outros.

Gostam sempre de presentear seus consulentes com cristais em forma de losango amarrados em fitas brancas, para que usem no pescoço ou pendurados na porta de suas casas, na cabeceira da cama ou em veículos.

Em seus pontos riscados estarão presentes sempre os símbolos da cruz, espiral, espada curvada e adaga.

Ciganos e Ciganas do Amor e da Renovação

Essa é uma das linhas que mais conotam os Ciganos, pois, quando encarnados, eles viveram paixões fervorosas, dando o ar de romantismo que vem do âmago do calor do Povo Cigano.

E não podemos esquecer-nos da magia, pois esse é um povo com domínio sobre os encantamentos amorosos, e temos nas Ciganas e Ciganos do amor os maiores magos(as) e feiticeiros(as), manipuladores(as) natos(as) dos elementos da natureza.

Essa linha cigana tem em seu ponto forte os elementos minerais, abrindo seus portais por meio de pedras, realizando maravilhosos e eficazes trabalhos.

Também com os minerais, manipulam habilmente os elixires, muito usados para complementar os tratamentos espirituais.

Nessa linha igualmente encontramos os Ciganos da prosperidade, que se utilizam do poder atrator e agregador dos minerais para serem facilitadores dos intentos.

Nos trabalhos dos Ciganos e Ciganas do amor e da renovação, sempre encontraremos pedras e minérios.

Em seus pontos riscados e elementos de trabalho, teremos a presença de punhais, corações e pedras, nas cores rosa, vermelha e dourada, e alguns elementos atratores, como ímã em formato de ferradura e outros.

As Ciganas do amor gostam que em seus trabalhos tenham sempre muitas flores, principalmente rosas de várias cores.

Suas bebidas preferidas são champanhe de maçã e vinho tinto doce.

Em suas oferendas: maçãs vermelhas e verdes, trigo, pó de ouro, pedras, ferraduras de ímã, morango, velas nas cores azul-clara, rosa, vermelha, dourada, ou várias cores sortidas (arco-íris).

Ciganos e Ciganas do Conhecimento e da Concentração

Essa linha de Ciganos e Ciganas é regida pelas sagradas divindades Oxóssi e Obá, que são o conhecimento expansivo e a concentração.

Os espíritos atraídos para essa linha de trabalho foram, em outras roupagens espirituais, atuantes no campo do ensino, do aprendizado, da astrologia e do conhecimento.

Não podemos nos esquecer de que esses Ciganos são grandes conhecedores dos mistérios das ervas, por isso as manipulam com uma grande habilidade em banhos, garrafadas, preparados com emplastos, e sempre serão vistos em seus trabalhos espirituais.

Também se utilizam de galhos de árvores com folhas ou de galhos de plantas nos seus passes espirituais. Esses Ciganos são tidos como grandes curandeiros/raizeiros, por seu profundo conhecimento dos elementos vegetais.

São ótimos nas quebras de demandas, descarregos em trabalhos de doenças da matéria e do mental, mas também são excelentes direcionadores e aceleradores nos campos de trabalho e negócios.

Atuam também manipulando trabalhos voltados aos estudos e à fixação de conteúdos.

Encontraremos em seu trabalho sempre ervas, facões, flores variadas, árvores, incensos, defumação com ervas, banhos, essências e perfumes.

No seu ponto riscado, utilizam-se da simbologia de setas, facões, ervas, matas e árvores.

Oferendas: vinho, marafo, todos os tipos de frutas, velas verdes e marrons-escuras, folhas de louro, canela em pau, cravo, anis-estrelado.

Ciganos e Ciganas da Justiça e do Equilíbrio

Essas linhas de trabalho dos Ciganos e Ciganas são conhecidas por Ciganos do fogo, regidos pelas sagradas divindades da Justiça, Xangô e Oroiná, que são um Trono puro do fogo, em que Xangô é passivo e Oroiná é ativa com seu fogo expansivo purificador, por isso que em seus trabalhos os Ciganos utilizam o fogo para queimar ações e cargas negativas.

Voltando à questão das regências, Xangô é regente do Povo do Oriente e é sincretizado por São Jerônimo; já a Sagrada Oroiná rege o Povo Cigano e é sincretizada por Santa Sara Kali.

Os espíritos ligados a essa linha evolutiva de trabalho na Umbanda estiveram enquanto encarnados associados a ações que envolvem o meio da justiça, como conselheiros, advogados, juízes, sábios, escribas, etc.

Em seus trabalhos são ótimos conselheiros, fortes nas quebras de demandas e purificação dos corpos materiais, espirituais e causas que envolvem a justiça.

Seus utensílios de trabalho são grandes facões de dois cortes, velas e caldeirões com fogo.

Nas oferendas, utilizam-se vinhos, frutas vermelhas, manga-rosa, maçã, ameixa, uva rosada e roxa, pitanga e outras.

Velas: vermelha, laranja, marrom e dourada.

Em seu ponto riscado encontramos a simbologia de facões, da Estrela de Davi (hexagrama), fogo, fogueira, raios, machados, etc.

Ciganos e Ciganas da Lei: Ordenação e Movimento

As linhas de trabalho dos Ciganos e Ciganas da Lei (ordenação) e do movimento são regidas pelas sagradas divindades Ogum e Iansã.

Ogum é a divindade ordenadora da Lei e da Ordem, e os Ciganos sob sua regência são severos aplicadores desse seu mistério divino. São ótimos quebradores de demandas, disciplinadores de seus médiuns e consulentes, desobstrutores de caminhos, trabalham com facilidade e destreza os encantamentos de prosperidade.

Utilizam em seus trabalhos adagas retas, punhais, espadas, pedras como a granada e o olho de falcão, ímãs em formato de ferradura, rubi bruto, pirita e outros.

Em suas oferendas, sempre estão presentes vinhos tintos, ameixa, uva, manga, morango, cereja, pitanga, melancia, etc. Também encontramos cravos e palmas vermelhas e espada-de-são-jorge.

Oferendamos essa linha cigana sempre nas campinas e nos caminhos, principalmente os de terra.

Suas cores são o vermelho e o azul-escuro, e no oráculo são dominadores da dadomancia (jogo de dados) e do baralho.

Já os Ciganos e as Ciganas sob a regência de Iansã, são chamados carinhosamente de Ciganos andarilhos, característica que está presente em todas as linhas ciganas, mas nessa é muito mais acentuada.

Iansã é a Senhora do Tempo meteorológico, e os Ciganos trazem em si essa característica de estarem no tempo viajando, acampando e sempre se movimentando.

Podemos afirmar que todo Povo Cigano recebe forte influência da sagrada Senhora Iansã do Fogo, também conhecida como a sagrada Senhora Egunitá, que é uma divindade do cruzamento energético de Iansã (ar) com Oroiná (fogo), sendo Santa Sara a representante desse mistério, falando sincreticamente.

Ciganos e Ciganas dessa linha de trabalho são ótimos em suas comunicações, têm facilidade no entendimento dos problemas de seus consulentes, e são risonhos, ágeis, envolventes, tornando seu atendimento leve e alegre.

Suas cores são o amarelo e o vermelho, sua oferenda ritualística é constituída de frutas como melão, laranja-pera, maracujá, ameixa amarela, banana, pera, uvas verdes, etc.

Ciganos e Ciganas da Evolução e da Racionalização

Esses Ciganos são regidos por Obaluaiê e Nanã Buruquê; são intitulados Ciganos velhos, anciões e anciãs (avôs e avós).

Esses espíritos trazem como sua característica mais importante a experiência, por isso são ótimos conselheiros, transmitindo aos seus consulentes a paz e a tranquilidade por meio de seus aconselhamentos.

Os Ciganos e as Ciganas da evolução são regidos pelo elemento terra e manipulam seus trabalhos com maestria, como também o que se gera dela, por isso são manipuladores exímios das ervas voltadas para a cura, trabalhando tanto a cura da matéria quanto do espírito, principalmente doenças com fundo emocional.

Seus símbolos básicos do ponto riscado são o octagrama e o losango.

As Ciganas dessa linha trabalham com lenços sobre a cabeça e grandes xales nos ombros. Já os Ciganos costumam utilizar chapéus pretos e adagas curvas.

Fatores: racionalizador e transmutador.

Ponto de força: campo-santo e lagoa (águas calmas).

Ferramentas: cajados, bengalas, pequenas facas, cruzes de madeiras, ferro, ossos e chifres de animais.

Gostam em suas oferendas de elementos como figo, pinha, inhame, beterraba, caqui, kiwi, coco seco, melão, maracujá doce, framboesa, vinho branco licoroso, pipocas estaladas no calor e regadas com vinho, além de sete copos de vinho em círculo.

Ciganos e Ciganas da Geração: Criatividade e Estabilidade

Os Ciganos e Ciganas dessa linha de trabalho na Umbanda são regidos pelas sagradas divindades Iemanjá e Omolu, irradiadores dos mistérios divinos da criatividade e da estabilidade dos seres, isso falando em seus aspectos positivos, pois em sua contraparte cósmica são paralisadores de ações e sentimentos negativos.

Esses espíritos trazem em si um grande poder de despertar em seus consulentes a vontade de criar e se estabilizar em todos os sentidos, não esquecendo também seu grande despertador do instinto materno e da fertilidade.

Encontramos, nesta linha, as Ciganas mães. Podemos notar com facilidade essa característica, pois envolve seus consulentes com suas energias acalmadoras, estimulando a criatividade e a vontade de gerar a partir de si mesmos.

Seus trajes são lenços e batas com cores mais calmas, como o branco e o azul-claro, as quais propiciam seu fator estimulador da criatividade. Utilizam também punhais curvos.

Já os Ciganos da Geração, irradiados por Omolu, são totalmente fechados e de pouca comunicação, só falam o necessário, são extremamente rígidos, ótimos em seu trabalho de desobstrução energética e quebra de demanda. Estimulam nos assistidos as capacidades estabilizadoras.

Utilizam adagas muito curvas e grandes chapéus ou lenços pretos, marrons ou roxos.

É muito comum em seus pontos riscados a presença de âncoras, estrelas, círculos e cruzes.

Suas pedras são água-marinha e ônix.

Seus fatores são agregadores e paralisadores.

Vibram nas cores azul-claro e roxo ou marrom terroso.

Ferramentas: punhais e adagas curvas.

Suas oferendas constituem-se em elementos como o melão, cereja, goiaba branca, framboesa, laranja-lima e champanhe de uva (para os irradiados por Iemanjá).

E para os irradiados por Omolu: maracujá, ameixa-preta, ingá, figo, uva roxa, atemoia, vinho branco licoroso.

Pontos de força: mar e campo-santo.

São exímios na manipulação dos líquidos e das terras arenosas e secas. Encontramos também dentro de seus trabalhos areias coloridas e diversos tipos de pós.

As Cores Irradiadas pelos Ciganos na Umbanda

Para iniciarmos nosso estudo sobre as cores dos Ciganos, lembremos que estamos tratando de ordem religiosa e não material.

Muitos irão questionar: mas não se usam todas as cores para os Ciganos? Sim, são utilizadas, como também para os Caboclos, para os Pretos-Velhos, para os Baianos, enfim, todas as divindades se cruzam entre si, e isso chega claramente até as linhas de trabalho. Vamos exemplificar.

Trono do Conhecimento (Oxóssi)

Oxóssi → Oxóssi = verde (puro)

Oxóssi → Amor → Oxum = rosa

Oxóssi → Fé → Oxalá = branco

Oxóssi → Justiça → Xangô = vermelho

Oxóssi → Lei → Ogum = azul-escuro

Oxóssi → Evolução → Obaluaiê = violeta

Oxóssi → Geração → Iemanjá = azul-claro

Portanto, vimos como exemplo a sagrada divindade do Trono Masculino do Conhecimento, a sagrada divindade Oxóssi em cruzamento com todos os outros Tronos Divinos.

Levando em consideração esse estudo e o exemplo citado, vamos aos guias espirituais, no caso do exemplo, os Caboclos.

Caboclos de Oxóssi = verde = puro do Trono Masculino do Conhecimento.

Caboclos de Oxalá = verde e branco.

Caboclos de Oxum = verde e rosa,

Caboclos de Xangô = verde e vermelho.

Caboclos de Obaluaiê = verde e violeta.

Caboclos de Iemanjá = verde e azul-claro.

Observação: Tomamos como exemplos somente os cruzamentos com as divindades universais, mas também considerem os cruzamentos com as divindades cósmicas.

Demonstramos os Caboclos, a fim de deixar claro e fácil sua assimilação. Vamos agora aos Ciganos.

Para a linha dos Ciganos, temos como "cor base" o laranja, assim, todas as linhas de trabalho dos Ciganos se cruzam com a cor laranja.

Vamos aos exemplos com as divindades universais e cósmicas.

Ciganos e Ciganas de Oxalá = laranja e branco.

Ciganos e Ciganas de Logunan = laranja e fumê ou azul-escuro.

Ciganos e Ciganas de Oxum = laranja e rosa.

Ciganos e Ciganas de Oxumaré = laranja e azul-turquesa.

Ciganos e Ciganas de Oxóssi = laranja e verde.

Ciganos e Ciganas de Obá = laranja e magenta ou marrom forte ou vermelho.

Ciganos e Ciganas de Xangô = laranja e vermelho ou marrom.

Ciganos e Ciganas de Oroiná = laranja (puro).

Ciganos e Ciganas de Ogum = laranja e azul-escuro ou vermelho.

Ciganos e Ciganas de Iansã = laranja e amarelo.

Ciganos e Ciganas de Obaluaiê = laranja e violeta.

Ciganos e Ciganas de Nanã Buruquê = laranja e lilás.

Ciganos e Ciganas de Iemanjá = laranja e azul-claro.

Ciganos e Ciganas de Omolu = laranja e roxo.

Tendo essas informações, podemos então dizer que, quando acendemos uma vela laranja para nosso Cigano pessoal, estaremos acendendo uma vela "genérica" (isso se ele não for regido puramente por Oroiná), pois cada linha de trabalho terá sua cor ou cores de acordo com a regência específica de cada uma delas, e isso é muito importante frisar, pois é a partir daí que se definirão as oferendas, os pontos de forças, os elementos dos guias, etc.

Oferendas aos Ciganos dos Tronos

TRONO DA FÉ – OXALÁ
- Toalha branca com borda dourada
- Velas brancas e douradas
- Cesta de frutas com: melão, pera, goiaba branca, maçã, banana, uva itália e coco
- Pão redondo
- Vinho branco licoroso, doce ou suave
- Mel
- Cálice com água
- Cristal translúcido
- Flores brancas
- Incenso: rosa branca, lírio, olíbano

TRONO DA FÉ – LOGUNAN
- Toalha cinza fumê com bordas brancas
- Velas fumê, laranja ou preta e branca
- Taça com água
- Cesta de frutas com: maracujá azedo, romã, amoras, uvas, caqui, laranja, figo
- Flores brancas

- Cristal fumê ou cristal fumê em uma varinha
- Licor de anis
- Incenso: rosa branca ou olíbano

TRONO DO AMOR – OXUM

- Toalha rosa com borda dourada
- Velas rosa, douradas e laranja
- Cesta de frutas com: maçã, uva, melancia, morango, framboesa, goiaba e cereja
- Rosas: vermelhas, cor-de-rosa e amarelas
- Vela magia em formato de coração
- Linhas brancas e rosa
- Quartzo-rosa
- Mel
- Punhal
- Cigarros
- Incensos: morango e lírios
- Perfumes de todos os tipos

TRONO DO AMOR – OXUMARÉ

- Toalha azul-turquesa com borda furta-cor
- Velas coloridas (menos preta) – não pode faltar laranja
- Cesta de frutas com: mamão, maracujá, pinha, melão, melancia, goiaba, jaca
- Cálice com vinho seco
- Flor-do-campo colorida
- Pedra turquesa
- Cobra dourada, pingente ou desenhada
- Mel
- Punhal
- Incenso: hortelã e jasmim

TRONO DO CONHECIMENTO – OXÓSSI

- Toalha verde com bordas brancas
- Velas verdes e laranja
- Todos os tipos de frutas
- Cálice com vinho tinto

- Flores-do-campo
- Charutos
- Quartzo verde
- Incenso: guiné e eucalipto
- Faca

TRONO DO CONHECIMENTO – OBÁ

- Toalha magenta com borda vermelha
- Velas magenta, vermelha e laranja
- Frutas: todas as doces
- Vinho tinto
- Flores-do-campo coloridas
- Pedra: madeira petrificada
- Faca
- Incenso: menta e hortelã

TRONO DA JUSTIÇA – XANGÔ

- Toalha vermelha com borda marrom
- Vela vermelha, marrom e laranja
- Cesta de frutas com: manga, abacaxi, melancia, goiaba vermelha, figo, caqui e pitanga
- Cálice de vinho tinto seco
- Pingente ou hexagrama desenhado dourado
- Pirita e olho de tigre
- Incensos: canela, cravo e sândalo
- Adaga de duplo corte (gumes)
- Girassol e flores-do-campo

TRONO DA JUSTIÇA – OROINÁ

- Toalha laranja com borda vermelha
- Velas laranja e vermelha
- Cesta de frutas com: laranja, abacaxi, pitanga, caqui, manga, amora, mamão
- Taça de champanhe de cidra ou vinho tinto suave
- Ágata de fogo
- Incenso: rosas vermelhas, canela e olíbano
- Adaga de duplo corte (gumes)

TRONO DA LEI – OGUM

- Toalha azul-escura com bordas vermelhas
- Velas azul-escura, vermelha e laranja
- Cesta de frutas: melancia, laranja, goiaba vermelha, ameixa--preta, abacaxi, uva, manga espada
- Cravos vermelhos
- Vinho tinto seco
- Granada
- Adaga
- Incenso: comigo-ninguém-pode, espada-de-são-jorge, cravo

TRONO DA LEI – IANSÃ

- Toalha amarela com borda vermelha
- Vela amarela, vermelha e laranja
- Cesta de frutas: laranja, abacaxi, pitanga, morango, uva, pêssego, melão
- Flores amarelas
- Taça de champanhe e vinho tinto
- Leque
- Adaga
- Citrino
- Incenso: rosa amarela, menta e camomila

TRONO DA EVOLUÇÃO – OBALUAIÊ

- Toalha violeta com borda branca
- Velas violeta, branca e laranja
- Cesta de frutas: pinha, caqui, coco seco, kiwi, uva, ameixa-preta e figo
- Crisântemos brancos
- Cálice de vinho branco licoroso
- Turmalina negra
- Cruz de madeira
- Adaga curva
- Incenso de violeta e cravo

TRONO DA EVOLUÇÃO – NANÃ BURUQUÊ

- Toalha lilás com bordas brancas
- Velas lilás e laranja
- Cesta de frutas: uva, morango, mamão, manga, maracujá doce, framboesa, amora
- Taça com vinho tinto suave
- Flor-do-campo, lírios e crisântemos
- Ametista
- Adaga curva
- Incensos: alfazema, camomila e violeta

TRONO DA GERAÇÃO – IEMANJÁ

- Toalha azul-clara com borda branca
- Velas azul-clara e laranja
- Cesta de frutas: melão, pêssego, laranja-lima, goiaba branca, framboesa e cereja
- Rosas brancas
- Champanhe de uva
- Água-marinha
- Adaga curva
- Incensos: rosa branca, anis-estrelado, rosa branca

TRONO DA GERAÇÃO – OMOLU

- Toalha roxa com borda branca
- Vela roxa, preta e laranja
- Cesta de frutas: maracujá, figo, kiwi, ameixa-preta, uva, coco seco, atemoia
- Flor-do-campo e crisântemo
- Cálice de vinho branco licoroso
- Obsidiana negra
- Adaga curva
- Incenso: hortelã, alfazema e rosa branca

Linhas dos Exus Ciganos e Pombagiras Ciganas

Neste capítulo, vamos falar de algo que é muito confundido nos templos de Umbanda e acaba tomando corpo e forma no imaginário popular. A linha dos Ciganos e Ciganas na Umbanda trabalha à direita do Trono das Sete Encruzilhadas. Assim, não trabalha à esquerda e eles não são Exus e Pombagiras, são como Caboclos, Pretos-Velhos e as demais linhas de trabalho na Umbanda.

Vemos que muitos templos trabalham com Ciganos à direita e à esquerda, e aqui afirmamos que é um grande erro, pois à direita temos a linha dos Ciganos e à esquerda temos a linha dos Exus Ciganos e Pombagiras Ciganas. Então, que fique esclarecido que não são os mesmos e que não viram a "banda", como tanto já ouvimos falar.

A linha dos Exus e das Pombagiras Ciganas é composta por espíritos que tiveram suas quedas, passaram por um processo de esgotamento para que pudessem assumir suas missões dentro das linhas de trabalho na Umbanda e se colocarem em evolução.

São intitulados como Ciganos e Ciganas Guardiões, correspondentes à esquerda dos Mistérios da Justiça Divina, onde estão assentados o Senhor Xangô e a Senhora Oroiná.

De acordo com o que já estudamos em outro capítulo, com os Exus e as Pombagiras Ciganas ocorre da mesma forma, cada linha deles corresponde a um ou mais Orixás.

Vejamos a seguir para maior compreensão:

EXU CIGANO DAS ALMAS

EXU = Trono Mehor Yê.

CIGANO = Oroiná.

ALMAS = Obaluaiê.

POMBAGIRA CIGANA ESMERALDA

POMBAGIRA = Trono Mahor Yê.

CIGANA = Oroiná.

ESMERALDA = Oxóssi.

Simples, não? Tudo ocorre normalmente como nas outras linhas à esquerda do Trono das Sete Encruzilhadas.

As cores atribuídas a essa linha de trabalho não serão diferentes das outras linhas, assim como dito antes, mas teremos que ter em mente a importância de suas regências.

Sabemos que a cor preta na Umbanda é destina aos Senhores Exus e o vermelho encarnado é destinado às Senhoras Pombagiras.

Portanto, manteremos a cor da esquerda especificada, somando a cor da regência original (Oroiná – laranja) e as cores das regências qualificadoras.

Vejamos:

EXU CIGANO DAS MATAS

EXU = preto.

CIGANO = laranja.

MATAS = verde (Oxóssi).

POMBAGIRA CIGANA DA PRAIA

POMBAGIRA = vermelho encarnado.

CIGANA = laranja.

PRAIA = azul-claro (Iemanjá).

Para facilitar o estudo, utilizem a tabela de cores dos Orixás colocada no capítulo "Tronos Divinos de Deus".

Utilizem e divulguem esse conhecimento, pois são coisas simples, mas de suma importância para a desmistificação dessas linhas de trabalho, que pela forma confusa de entendimento acabam não dando a sua vazão necessária.

Ciganos e os Seus Elementos Sagrados

Todos os elementos incorporados aos trabalhos dos Ciganos têm seu poder magístico, nada é enfeite ou fetiche, e sim condensadores do poder divino a partir da sua consagração realizada pelas entidades.

Todas as linhas espirituais de Umbanda trabalham seus elementos ritualísticos específicos, vamos aos dos Ciganos:

- **Ferradura:** representa o trabalho e o esforço.

Com abertura para fora: atrai a sorte.

Com lado curvo para fora: atrai proteção e repulsa energias negativas.

- **Figa:** repulsa e protege contra inveja.
- **Moedas:** a cara e a coroa da moeda representam, respectivamente, o ouro físico – a riqueza material e a riqueza espiritual.

Moeda antiga: atrai proteção.

Moeda corrente: atratora de bens e proteção.

- **Talismãs de madeira maciça:** atraem amor e riqueza.
- **Talismãs de carvalho, nogueira e outros mais duros:** atraem poder e proteção.
- **Cruz de madeira ou ferro:** atrai proteção e afasta malefícios.

- **Pentagrama de ferro:** atrai fé e proteção.
- **Hexagrama de ferro:** atrai sabedoria e equilíbrio.
- **Punhal/Adaga:** atrai proteção e segurança, repele os malefícios, corta energias e magias negativas. Traz a vontade de vencer. Muito usado nos rituais. Como era muito utilizado para abrir as matas, o punhal também representa um grande sinal de pioneirismo e superação.
- **Taça:** atrai união, casamento, receptividade, fortuna, pois todo líquido que se coloca nela adquire sua forma. Na cerimônia de casamento cigano, os noivos tomam vinho em uma taça única que representa valor e comunhão eterna.
- **Roda de carroça:** estimula movimentação, emoção, sensibilidade e ligação com a família. Considerado o grande símbolo geométrico do povo cigano, esse círculo raiado, que é caracterizado nessa roda de carroça, representa as andanças nas estradas da vida, a não linearidade do tempo e do espaço. Também simboliza o ir e vir, o circular, o passar por diversos estados, o ciclo da vida, a morte e o renascimento; utilizada também para atrair a grande consciência, a evolução e o equilíbrio.
- **Sino:** estimula a ordem e a disciplina.
- **Machado:** atrai e estimula a liberdade, o equilíbrio e o senso de justiça.
- **Trevo:** é o símbolo mais tradicional de boa sorte. Trevo de quatro folhas traz felicidade e fortuna. Quando se encontra um trevo de quatro folhas na natureza, podem-se esperar sempre boas notícias.
- **Âncora:** símbolo da segurança, utilizada para atrair equilíbrio no plano físico e financeiro e, também, para se livrar de perdas materiais.
- **Lua:** representa a magia e os mistérios. A Lua geralmente é usada pelas Ciganas para atrair percepção, o poder feminino, a cura e o exorcismo, atentando sempre às fases nova, crescente, cheia e minguante. A Lua cheia é o maior elo com o sagrado, sendo chamada de madrinha. As grandes festas sempre acontecem em noites de Lua cheia.

- **Chave:** representa a solução. Ela é utilizada como atratora de boas soluções para o dia a dia. A chave trabalhada no fogo representa o sucesso e a riqueza.
- **Coruja:** representa o "ver a totalidade". Possibilita a visão do consciente e do inconsciente.
- **Castanholas:** quando a Cigana ou o Cigano tocam as castanholas, estão trabalhando para que sejam abertos os portais espirituais, para tirar as negatividades e fazer com que o sentimento de alegria e amor seja fluente e invada corpos e mentes das pessoas.
- **Pandeiro:** ele denota a alegria e sugere uma festa. Serve também para purificar o ambiente. O pandeiro traz a alegria do Sol, saudando-o com inúmeras fitas coloridas, representando seus raios protetores e vivos. Como todo instrumento que faz barulho, ele tem como função expulsar os maus espíritos ou energias negativas, abrindo caminho para o povo festejar. Sua mensagem é mover, transformar o que está parado em ritmo, revigorar o nosso corpo com a alegria. O uso das fitas pode ter nascido como um calendário para marcar eventos importantes e a idade; para saudar a chegada da primavera; para representar, por meio das cores das fitas, pedidos ou bênçãos.
- **Leque:** originalmente trazido de Portugal para a Espanha no século XV, é um adereço de feminilidade. Utilizado nas danças flamencas, o leque assumiu não só característica estética, como também foi objeto de comunicação mímica entre as ciganas:

– ao abanar suavemente na altura dos seios, dizia: procuro um namorado;

– ao abanar rapidamente na altura dos seios: sou comprometida;

– fechando o abanico/leque sobre a bochecha: eu gosto de você;

– Fechando abruptamente o abanico/leque: eu odeio você.

No ritual de Umbanda, o leque assume significado ritual no trabalho dos Ciganos e de Pombagiras, servindo como direcionador de energias e ferramenta de limpeza espiritual.

- **Lenço (diklô):** esse acessório é mais comumente utilizado pelas mulheres casadas, como demonstração de respeito e fidelidade aos maridos. As mulheres que querem engravidar e não conseguem costumam oferecer à Santa Sara Kali um lenço como forma de pedido, deixando-o sobre sua imagem durante 21 dias. O lenço serve também como forma de agradecimento a alguma graça alcançada.

Segundo conta a lenda, Santa Sara Kali salvou-se de morrer afogada ao ser largada no mar e fez uma promessa a Deus: se conseguisse se salvar, iria usar um lenço cobrindo sua cabeça pelo resto de sua vida. Foi salva e cumpriu o prometido.

Cada cor de lenço tem seu significado, e os homens, algumas vezes, também o usam.

É um presente muito valioso para quem ganha, e sempre recebido com muita alegria e carinho.

Lenços e o Significado de Suas Cores

Cor e finalidade:

Vermelho: paixão, sensualidade, coragem, força.

Verde: saúde e vitalidade.

Azul: proteção no nível espiritual e poder de intuição.

Branco: paz, casamento e agradecimento de bênçãos.

Rosa: sentimentos ligados ao amor, compaixão e maternidade.

Amarelo: louvor ou gratidão pela graça alcançada e também prosperidade.

Prateado: traz benefícios em todos sentidos.

Lilás: representa o carinho e amor correspondido.

Púrpura: sucesso e vantagens profissionais.

Bandeira Cigana

Instituída pelo International Gypsy Committee, durante o Primeiro Congresso Mundial Cigano, em 1971, a bandeira é o símbolo internacional de todo o povo cigano.

• A roda vermelha simboliza a vida – o caminho a percorrer e o já percorrido;

• O azul (na faixa superior da bandeira) representa os valores espirituais – a ligação do consciente com mundos superiores;

• O verde (na faixa inferior da bandeira) representa a Mãe Natureza – o respeito e gratidão pela terra.

Segue a ilustração da bandeira cigana:

Os Rituais

O Ritual do Pão e do Vinho

O Kolaco, pão típico da culinária cigana, é uma das mais tradicionais especialidades desse povo. A tradição pede que ele não seja cortado com faca, mas repartido com as mãos. Assim como em diversas outras culturas, para os ciganos, o pão é um alimento sagrado, por isso está sempre presente no cardápio de ocasiões especiais e rituais coletivos.

O ritual do pão é muito sagrado; é um ritual de prosperidade. Coloca-se arroz embaixo do pão, no centro uma vela azul ou branca, que significa paz, o pão é o corpo de Cristo e o vinho, o sangue. Tudo deve ser feito com amor e carinho, nunca se esqueça de que o pão não deve ser cortado, os pedaços são tirados com a mão.

A Fogueira Cigana

O ritual do fogo é um rito de transmutação, de prosperidade, de cura e de abertura dos caminhos. Consagramos punhais, chaves, ferraduras, objetos usados em magia que, após consagrados, tornam-se talismãs.

Geralmente quem trabalha com o ritual é o cigano mais velho, também conhecido como barô.

As fogueiras são acesas apenas pelas mulheres e, de preferência, pelas ciganas mais velhas.

Uso das Fitas

Como já sabemos, existe o Mistério das Sete Fitas Sagradas, o qual é regido pela Sagrada Divindade Oxóssi, regente dos Mistérios dos Vegetais.

As fitas que mais serão utilizadas são as de cetim, de todas as espessuras.

Vamos entender a funcionalidade das fitas.

Uma fita, quando consagrada, se conecta à energia da divindade e/ou entidade à qual está sendo consagrada.

A espessura irá indicar o quanto de energia irá fluir através da fita, pois após consagrada ela se torna um duto transportador dessa energia, partindo da divindade até alcançar quem está sendo beneficiado.

A cor da fita tanto indica qual divindade ou entidade que estará atuando no trabalho, como também será potencializadora por meio da energia cromática irradiada junto à energia divina canalizada nas fitas.

Como vimos, cada fita de uma cor específica irradiará uma energia diferente, pois essas cores indicam a divindade atuante.

A seguir, exemplificaremos as cores e suas atuações, para facilitar o entendimento e a utilização das fitas.

• **Fita branca:** irradia a fé promovendo paz interior, estabilidade mental e emocional e tranquilidade.

• **Fita rosa:** irradiadora do amor, promovendo a agregação, a compreensão, a compaixão e a autoestima, estabiliza as emoções e as uniões familiares e conjugais. Atrai prosperidade, atratividade e afetividade.

• **Fita azul-turquesa:** irradiadora cósmica do amor. Essa fita promove a irradiação dos seres em todos os sentidos, levando-os a maior compreensão e equilíbrio dos sentimentos e, também, esgota cargas negativas ligadas ao emocional.

- **Fita azul-clara:** irradiadora da geração. Promove o estímulo na expansão da criatividade. Impulsiona confiança, segurança e proteção. Traz equilíbrio emocional. Estimula o sentido maternal, a fortuna e a abundância.

- **Fita azul-escura:** irradiadora da ordem e da lei. Promove a quebra de ações negativas espirituais e materiais. Traz a proteção em todos os sentidos. Abridora de caminhos. Ordenadora dos sentidos. Afasta pessoas e espíritos negativos.

- **Fita verde:** irradia o conhecimento. Promove a expansão e a estabilidade intelectual. Atua nas ações de cura e direcionamento.

- **Fita cinza-escura:** irradia a religiosidade e promove a congregação, o controle do emocional e a serenidade. Diluidora de questões negativas do passado.

- **Fita magenta:** irradiadora cósmica do conhecimento. Promove a concentração e a fixação das ações intelectuais. Esgotadora de negatividade, atua em doenças e distúrbios mentais.

- **Fita vermelho-clara:** irradiadora do equilíbrio e da justiça. Promove o equilíbrio em todos os sentidos, como também é racionalizadora, levando os seres à reflexão.

- **Fita vermelho-escura:** interiorizadora. Promove o esgotamento dos sentimentos cármicos negativos. Anuladora e quebradora de magiamentos negativos. Atratora de sentimentos positivos, estimula o amor e o desejo. Harmonizadora de relacionamentos.

- **Fita laranja:** irradiadora cósmica do equilíbrio e da justiça. Promove ações esgotadoras e consumidoras de energias negativas do íntimo dos seres, também atua no campo das atrações financeiras expandindo o campo atrativo. Tem a função de promover a alegria, felicidade e entusiasmo. Restabelecedora energética da mente, do espírito e do corpo.

• **Fita amarela:** irradiadora cósmica da ordem e da lei. Promove a movimentação, prosperidade, concretização, estimula os seres a saírem da passividade. Abridora e expansora dos caminhos. Consumidora de problemas financeiros e positivadora do padrão mental.

• **Fita violeta:** irradiadora da evolução. Promove a evolução e a transmutação em todos os sentidos. Auxilia nos problemas de ordem mental, emocional, física e em traumas. Esgotadora de sentimentos negativos, perturbações e obsessões espirituais.

Fita lilás: irradiadora cósmica da evolução. Promove a flexibilidade, a maturidade e estimula a evolução. Decantadora de sentimentos negativos e traumas. Atua com grande efetividade na senilidade.

• **Fita roxa:** irradiadora cósmica da geração. Promove adaptação para diversas situações e a maleabilidade. Afasta seres negativos. Paralisa ações de espíritos e de encarnados negativos. Esgotadora de negatividade interna. Niveladora e expansora de situações financeiras.

• **Fita preta:** esvaziadora. Promove o esgotamento de ações e pensamentos negativos. Anuladora e quebradora de demanda. Vitalizadora da matéria e do espírito. Proteção em todos os sentidos.

Utilização de Essências e Aromas

A manipulação de óleos essenciais tem sua origem nos povos egípcios e mesopotâmicos que os utilizavam em sua medicina, nos rituais religiosos e como cosméticos.

A utilização das essências pode ser constatada em todos os povos, desde a Antiguidade até os dias de hoje. Já o Povo Cigano, que historicamente parte da Índia, traz de lá o grande e vasto conhecimento sobre a manipulação das essências e dos aromas.

Todo esse conhecimento é colocado à disposição dos seus médiuns e consulentes em seus atendimentos, é raro ser atendido por um cigano ou cigana e não sair com uma listinha de banhos e defumações aromáticas para nos auxiliar em nosso dia a dia.

A seguir, preparamos uma lista com alguns óleos essenciais, ervas aromáticas e suas funções, para que possamos usufruir desse conhecimento riquíssimo e antiquíssimo:

• **Dor de dente** – óleo de cravo (duas gotas em um algodão, aplicando diretamente no dente).

• **Artrite ou doenças similares** – (banhos, massagem e compressas na área afetada) óleos: cipreste, lavanda, limão ou alecrim.

• **Problemas respiratórios e bronquite** – (inalação) óleos: eucalipto, tangerina, laranja ou *teatree*.

• **Cansaço físico** – (banho e massagem) óleos: gerânio, menta ou alecrim.

• **Celulite** – (massagem e drenagem linfática) óleos: tangerina, gerânio ou alecrim.

• **Cicatrizante** – (aplicação na pele, sem diluir em óleo vegetal) óleo de lavanda. Obs.: somente óleos especialmente feitos para a pele devem ser usados. Essências aromáticas para *rechaud* não devem ser utilizadas.

• **Cólicas** – (banho e massagem) óleo de lavanda.

• **Cortes e feridas** – (compressas e massagem), óleos: lavanda ou *tea tree*.

• **Dor de cabeça** – (banho, massagem e inalação) óleos: sálvia, lavanda, alecrim ou menta.

• **Enjoos** – (inalação e massagem abdominal) óleo de hortelã.

• **Espinhas e pele oleosa** – (aplicação na pele sem precisar diluir em óleo vegetal) óleos: lavanda ou *tea tree*.

• **Gengivite** – (gargarejo com três gotas diluídas em meio copo d'água) óleos: *tea tree* ou cipreste.

• **Amor** – (massagem e inalação), óleos: lavanda, laranja, ylang--ylang, rosa, verbena ou jasmim.

• **Insônia** – (inalação) óleos: lavanda, laranja ou tangerina.

• **Má circulação** – (massagem e banho) óleos: cipreste, limão, alecrim ou laranja.

• **Relaxamento** – (massagem e inalação) óleos: gerânio ou lavanda.

• **Repelente de insetos** – (incensando, inalando) óleos: citronela, alecrim ou lavanda.

• **Impaciência** – (inalação) óleo de tangerina.

- **Raiva, ódio e inveja** – (inalação) óleos: menta ou ylang-ylang

- **Medos** – (todos por inalação) de morrer, óleo de tangerina; de escuro, óleo de lavanda; de descontrole, óleo de ylang-ylang; de partida: óleo de ylang-ylang; de pessoas, óleos de lavanda ou ylang-ylang; de expor sentimentos, ylang-ylang; de verdade: óleo de lavanda.

Relação de Cores
e Aromas

• **Violeta** – óleos relacionados: flor de laranjeira, citronela, sândalo ou laranja – auxiliam nas mudanças do cotidiano, preventivos em processos infecciosos, indicados para a meditação e elevação. Observação: seu uso contínuo pode gerar tensão.

• **Azul-escuro** – óleos relacionados: cedro, lavanda ou alecrim – auxiliam na intuição, fortalecem a terceira visão, ajudam nas decisões e na expansão da mente.

• **Azul-claro** – óleos relacionados: lavanda, néroli, almíscar ou sândalo – auxiliam no estresse, na tensão, nos distúrbios do sono, excelentes na harmonização de ambientes, proporcionando a paz. Estão ligados à fala e à ajuda na dificuldade de expressão. Observação: não são indicados para atividades que exijam grande concentração.

• **Verde** – óleos relacionados: menta ou hortelã, limão ou capim-cidrão – auxiliam na saúde, são excelentes para acalmar o sistema nervoso, a inquietação. Também são muito eficazes em problemas digestivos. Observação: seu uso excessivo tende a estimular a depressão.

• **Amarelo** – óleos relacionados: gerânio, laranja, cravo, pinho ou patchuli – auxiliam tanto na concentração mental como na fixação de informações. Ótimos para a memória. São úteis no tratamento de problemas ósseos. Observação: seu uso excessivo pode gerar tensão.

• **Laranja** – óleos relacionados: tangerina, citrus ou herbal – auxiliam na depressão. Estão ligados aos órgãos sexuais e aos rins. Estimulam o apetite e facilitam na digestão. Também podem ser aplicados em problemas cardíacos.

• **Rosa** – óleos relacionados: rosa, ylang-ylang ou sândalo – auxiliam no tratamento de angústias, tristezas e removem mágoas. Proporcionam o bem-estar, são excelentes para o amor.

• **Vermelho** – óleos relacionados: eucalipto, palma rosa, pinho ou gerânio – auxiliam nas atividades físicas, ajudam no desenvolvimento e alívio das funções respiratórias em crianças. São eficazes nos distúrbios relacionados à pele e ao sangue. Devolvem o ânimo. Observação: não devem ser utilizados nos casos de hipertensão.

Essências Encontradas Dentro do Trabalho da Linha Cigana

Dentro do reino vegetal, encontramos também muitas essências.

• **Absinto** – é uma planta originária da Inglaterra e de toda Europa, tem sabor amargo e odor aromático. Possui ação afrodisíaca, estimulando a energia sexual. Eleva o amor-próprio e traz a sensação de confiança. Propriedades medicinais: combate a obesidade, a diabetes, o reumatismo e alivia as dores gástricas e intestinais. Regulariza a menstruação.

• **Acácia** – é conhecida desde a Antiguidade, possuindo o poder de elevação espiritual, trazendo bem-estar e uma sensação de paz. Tem a ação de purificar locais de práticas religiosas e conexão com esferas angelicais. Propriedades medicinais: combate febre, dores viscerais, diarreias e regenera a pele em casos de queimaduras.

• **Alecrim** – é uma planta altamente rica em suas funções psíquicas, muito eficiente em limpeza de ambientes. Elimina energias negativas no físico, estimulante da mente, devolvendo a autoconfiança, ativa a memória, aliviando a ansiedade, e combate a apatia.

Propriedades medicinais: alivia as dores de cabeça, ativa a circulação sanguínea e o sistema nervoso central, tem ação rejuvenescedora.

• **Alfazema (lavanda)** – é um dos óleos mais utilizados em aromaterapia, especialmente em banhos e massagens relaxantes. Remove o estresse e é muito eficiente para problemas de insônia. Equilibra o físico, o mental e o emocional. É excelente para harmonizar os ambientes, eliminando energias estagnadas, restaurando o estado espiritual. Propriedades medicinais: é calmante, cicatrizante, regenerador dos tecidos e desintoxicante. Não é recomendado para uso interno.

• **Almíscar** – é uma planta de um odor muito aromático e de extrema utilização em perfumes, contendo a ação de trazer muita segurança, autoconfiança e determinação, também é excelente estimulante. Muito eficaz na sedução pela ação afrodisíaca. Propriedades medicinais: ajuda a regularizar os bloqueios sexuais.

• **Anis** – possui um perfume fresco e adocicado, proporcionando um estado de bem-estar e ajuda na restauração de energias. Propriedades medicinais: é relativamente tóxico, por isso, deve ser usado em pequenas quantidades, durante períodos curtos e sempre com orientação profissional. Indicado em casos de cãibras, problemas digestivos e tosses espasmódicas.

• **Arruda** – erva muito utilizada nas crenças religiosas, em casos de mau-olhado e inveja, ajuda na retirada de energias pesadas. Indicada para pessoas que se sentem derrotadas no físico e na mente. Propriedades medicinais: é expectorante (massagem), não deve ser ingerida, pois é muito tóxica.

• **Artemísia** – é uma erva que está ligada à proteção, à saúde e aos poderes psíquicos. Possui a capacidade de ampliar o poder da clarividência e auxilia ver o futuro por meio dos sonhos. Deve ser utilizada na limpeza corporal, nas práticas de rituais religiosos, facilitando a conexão com as forças divinas. Propriedades medicinais: para tratamento de dores na coluna, em banhos de imersão.

• **Bergamota** – é dotado de um agradável perfume de frutas, sendo um dos óleos essenciais na preparação das clássicas águas-de-colônia.

Tem a ação de ser refrescante e revigorante, proporcionando um estado de alegria. Propriedades medicinais: não deve ser ingerido, quanto ao seu poder na pele em exposição ao Sol, pode causar manchas.

• **Calêndula** – tem um tipo de calêndula (*tagetes*) que cresce apenas no Norte da Índia e Sul da África. Esse óleo tem um cheiro suave de ervas, possuindo uma coloração viva. Está ligado ao amor, alivia na tensão e traz muita proteção. Propriedades medicinais: é excelente para tratamento nos pés, como calos, peles grossas e verrugas, ajuda na regeneração da pele por problemas com queimaduras.

• **Camomila** – planta muito utilizada para acalmar a irritabilidade, ajudando a despertar a virtude da paciência. Auxilia também na insônia. Existem dois tipos de óleo de camomila: azul e romana. A camomila-azul é destilada da erva medicinal *Matricaria chamomilla*, com propriedades medicinais anti-inflamatórias, também usada no tratamento de dores estomacais, menstruais, inflamação e irritação na pele. A camomila-romana é destilada da planta *Anthemis nobilis*, possuindo propriedades semelhantes às da camomila-azul, mas por seus efeitos serem mais brandos, é indicada para as crianças ou para pessoas com peles sensíveis.

• **Canela** – óleo de aroma marcante, forte, doce e temperado, atua no crescimento pessoal, proporciona uma nova visão sobre as coisas. Atrai a boa sorte, ajuda na sedução, sucesso no campo financeiro. Remove a raiva e também é eficiente na clarividência. Propriedades medicinais: alivia as dores reumáticas, artrite, tosse, resfriado, infecções e debilidade geral.

• **Cânfora** – tem o poder de eliminar os pensamentos negativos, remove também energias pesadas dos ambientes. Concede maior liberação de energia. Propriedades medicinais: ajuda em casos de luxações, pancadas e inflamações. Deve ser administrada em pequenas doses (pomada).

• **Capim-Limão** – é uma planta obtida pela destilação de dois tipos de gramíneas naturais da Índia, do Oeste da África e da Indonésia. É um poderoso bactericida, repelente de insetos, elimina o cansaço, revigora e revitaliza as energias. Aumenta a concentração e relaxa crianças agitadas. Propriedades medicinais: usado no tratamento de pele, poros dilatados e acne, útil no tratamento de dores e flacidez muscular.

• **Cardamono** – planta originária do Oriente, possui um cheiro exótico, temperado e quente; tem ação regenerativa e estimulante, usada há 3 mil anos pela medicina oriental. Propriedades medicinais: ajuda na digestão, combate a náusea, a flatulência e a diarreia.

• **Cedro** – possui um perfume de madeira e bálsamo, o cedro é muito usado em misturas de óleos para massagens. Proporciona sentimentos de honradez e sucesso, aliviando as tensões nervosas. Propriedades medicinais: pode ser usado como cicatrizante no tratamento da pele com acne, é diurético e estimulante linfático, ajuda a diminuir a oleosidade dos cabelos e a caspa.

• **Cidreira** – acalma o estado de tensão profunda, relaxa, sendo um tônico geral. Propriedades medicinais: ajuda no processo de nervosismo, agressividade e inquietação.

• **Cipreste** – ativa a concentração, é uma planta com poder de proteção física e psíquica. Propriedades medicinais: estimulante da circulação, cicatrizante, antitranspirante e também atua como adstringente para peles oleosas.

• **Citronela** – poderoso estimulante mental, deixa uma sensação refrescante no ambiente e repele insetos. Propriedades medicinais: antisséptico e desinfetante.

• **Cravo-da-índia** – é excelente para a prosperidade, traz coragem, dá vigor físico, também remove energias negativas da mente, além de proporcionar um bom relacionamento social. Possui fortes efeitos estimulantes. Propriedades medicinais: é expectorante, antisséptico, analgésico e bom para o reumatismo.

• **Erva-doce** – possui um suave perfume adocicado e fresco, semelhante ao anis. Tem ação calmante, proporcionando bem-estar. Propriedades medicinais: é digestivo, diurético, eliminando as toxinas e dores, eficaz na TPM e na menopausa, indicada na drenagem linfática.

• **Eucalipto** – ajuda a reequilibrar o lado emocional, agindo contra a angústia, mágoas, revitalizando as energias do corpo. É estimulante para o cansaço mental e facilita na limpeza de ambientes. Esse óleo emana um aroma semelhante ao da cânfora. Propriedades medicinais: muito útil nos problemas respiratórios, excelente nas inalações. É antisséptico, bactericida e repele insetos, alivia as dores reumáticas e de garganta. É um tônico geral.

• **Flor de laranjeira** – em virtude de suas propriedades analgésicas, a flor de laranjeira ajuda no combate à insônia e às dores menstruais. As propriedades hipnóticas e ansiolíticas da planta ajudam no tratamento de problemas como ansiedade, nervosismo e indigestões leves. A flor de laranjeira contém pectina que ajuda a combater a diarreia. Na infusão, a planta misturada a outros ingredientes, como mel, limão ou canela, ajuda a tratar a dor de garganta e a combater a tosse, além de atuar no bom funcionamento dos rins. Reduz dores estomacais, acalma náuseas e vômitos. A flor de laranjeira também tem poder afrodisíaco, sendo excelente para a vida amorosa.

• **Gerânio** – estimulante do corpo e da mente, atrai a sorte e aumenta a autoestima, dá coragem e audácia. Muito indicado em casos de ansiedade e estresse. Propriedades medicinais: antidepressivo, alivia a TPM, tem ação diurética e equilibra o sebo da pele.

• **Hamamélis** – indicada para meditação, atuando no desenvolvimento interior e na compreensão. Afasta as aflições da alma. Propriedades medicinais: é regeneradora celular e boa para a pele.

• **Hortelã** – é refrescante, relaxante, libera energias retidas por inibição. Dá desprendimento e provoca estado de alegria. Propriedades medicinais: é depurativo, tônico digestivo, expectorante e descongestionante, pode ser usado no tratamento da enxaqueca.

• **Jasmim** – é excelente para o amor com poder afrodisíaco, relaxa sem sedar, é ideal para condições de fadiga mental. Revigora e acalma os nervos. Propriedades medicinais: regenerador celular para peles secas e sensíveis.

- **Laranja** – revigora, alivia a ansiedade, é um tônico geral, alegra o aroma ambiental e atrai prosperidade. Propriedades medicinais: combate a insônia e a prisão de ventre, auxilia na eliminação das toxinas. Ajuda a desfazer as gorduras localizadas e a celulite.

- **Limão** – é antidepressivo, ativa a concentração, alivia o cansaço físico e mental. Propriedades medicinais: é diurético e anti-infeccioso, sendo um tônico geral.

- **Maçã** – possui um aroma doce, é um excelente estimulante para o amor. Purifica e traz conforto emocional, proporcionando uma sensação de jovialidade. Propriedades medicinais: é muito utilizado para problemas intestinais.

- **Madeira do Oriente** – possui um aroma sedutor, atrai energias positivas, remove a negatividade, proporciona força e vitalidade, ajuda na concentração do trabalho e nos estudos, não possui propriedades medicinais.

- **Manjerona (manjericão)** – é um purificador de energias físicas e psíquicas, ajuda também na reposição de perdas de energias. Propriedades medicinais: analgésico, anti-infeccioso. Bom para a tosse, bronquite, renite e sinusite.

- **Mirra** – é um dos aromas mais antigos do mundo, sendo ofertado ao menino Jesus pelos Reis Magos. Tem ação sedativa e age sutilmente no inconsciente. Muito utilizada na limpeza de ambientes. Propriedades medicinais: indicada como cicatrizante, expectorante e tônico.

- **Néroli** – é um excelente tranquilizante e harmonizador de ambientes, proporciona força e revigora as energias físicas. Propriedades medicinais: regenera a pele seca, bom para dermatite, antidepressivo e sedativo, muito eficiente em casos de TPM e menopausa.

• **Olíbano** – regenerador físico e energético, revitaliza a mente, é excelente na meditação. Propriedades medicinais: melhora a respiração e é cicatrizante.

• **Ópio** – difusor de afetividade, aumenta a concentração e facilita a meditação. Tem o poder de alterar a lucidez, não sendo recomendado em propriedades medicinais.

• **Patchuli** – é um estimulante sexual e afrodisíaco. Propriedades medicinais: anti-inflamatório e antisséptico, fungicida e regenerador celular para peles envelhecidas, também é um tônico.

• **Pinho** – tem um perfume suave e refrescante de madeira, alivia no descanso do corpo e purifica. Propriedades medicinais: é eficaz no tratamento de problemas respiratórios, como gripes, resfriados, asma e bronquite. É excelente no tratamento da drenagem linfática, varizes e problemas circulatórios.

• **Rosa** – esse perfume é envolvente e está associado ao amor. Desperta sentimentos fraternais e combate a sensação de solidão, angústia e insegurança. É afrodisíaco, principalmente se for na cor vermelha, facilitando na sedução. No caso de rosas brancas, deixam uma sensação de paz e purificam as energias físicas e psíquicas. Propriedades medicinais: é antidepressivo, depurativo, tônico para o tratamento de peles secas e envelhecidas, para a massagem corporal. É excelente para combater o estresse e tem ação calmante.

• **Sândalo** – utilize-o como óleo de massagem para promover a cura, fomentar o despertar espiritual, aliviar a tensão e a ansiedade, ou então para proteção contra todas as energias maléficas. Na condição de produto e massagem para os chacras, esse óleo é excelente para abrir o chacra do coração.

• **Sálvia** – é muito usada na culinária e tem a ação de ser relaxante, tanto no físico como no mental, aliviando o estresse e a tensão. Propriedades medicinais: adstringente para a pele oleosa e a acne, ajuda nos sintomas da TPM e da menopausa.

• **Tangerina** – é antidepressivo, bom para o esgotamento físico e mental, alivia a irritabilidade e a tensão nervosa. Propriedades medicinais: prevenção de estrias, funciona como tônico do fígado e do estômago. Regula o apetite.

• *Tea tree* – é um poderoso harmonizador de ambiente, deixa uma atmosfera de paz e bem-estar. Propriedades medicinais: anti--infeccioso, bactericida, bom para micose nas unhas e sarnas. Age como cicatrizante em cortes profundos, na congestão nos brônquios e pode ser usado diretamente na pele.

• **Tomilho** – planta destilada na Espanha e em Israel, também muito usado na culinária, é estimulante e atrai dinheiro. Propriedades medicinais: tonificante do sistema imunológico, aumentando a resistência do organismo, sendo excelente para tratar de infecções na pele e bom para a cistite.

• **Verbena** – é muito eficiente para autoestima e confiança, proporciona agilidade de pensamento e é excelente para atrair o amor. Propriedades medicinais: muito usada para resistência orgânica e estimulante.

• **Vetiver** – é um relaxante na tensão e estresse. Fortalece o físico e o mental, auxilia as pessoas muito aéreas a fixar os pés no chão. Propriedades medicinais: é bom para as varizes e cansaço nas pernas, um tônico circulatório.

• **Violeta** – é purificadora de grande potência. Aumenta a criatividade e dá sensação de frescor, também leva às esferas espirituais mais elevadas. Propriedades medicinais: tem ação calmante, seu uso deve ser em pequenas quantidades, pois pode causar enjoos se inalado em excesso.

• **Ylang-ylang** – elimina as tensões e a ansiedade, tem o poder afrodisíaco e ajuda na sedução. Propriedades medicinais: auxilia na irritabilidade na TPM, diminui o ritmo cardíaco e respiratório.

As essências, em sua grande maioria, podem e devem ser utilizadas nas velas, como aromatizantes de ambiente, proporcionando calma, renovação energética material e espiritual, entre muitos outros benefícios. Também podem ser colocadas nas fitas das mais diversas cores, como citamos anteriormente, penduradas nas residências, no trabalho, em veículos e presas ao corpo, e elas promoverão ações de acordo com as determinações das entidades ciganas.

Trabalho com as Fitas e as Essências

Ciganos da Lei (Ogum)

Trabalho para cortar pensamentos e conexões negativas

Elementos:

- 7 fitas de cetim azul-escuro largas
- 1 essência de anis-estrelado
- 1 vela de sete dias azul-escura

Modo de fazer:

1. Firme a vela de sete dias ao Trono da Lei e ao Senhor Ogum.

2. Todos os dias, antes de dormir, pingue sete gotas de essência de anis no meio da fita azul e a consagre a Ogum pedindo que seja cortada toda e qualquer conexão espiritual ou material negativa. Repita esse procedimento durante os sete dias.

3. No oitavo dia, leve as fitas e o resto da vela para um local que seja aberto, no tempo, queimando e agradecendo ao Senhor Ogum pelo intento.

Como vimos no exemplo anterior, a partir do conhecimento dos campos de atuação de cada uma das divindades, das cores irradiadas por sua vibração, combinando com suas essências e elementos sagrados, formamos combinações poderosíssimas e de grande utilidade para nosso dia a dia.

Agora, basta estudá-las e aplicar da melhor forma em nossas vidas.

A Magia dos Incensos na Linha Cigana

A origem dos incensos é tão antiga quanto a história da humanidade. Os povos da Antiguidade notaram que, ao fazer suas fogueiras, a fumaça subia para o céu, e como para eles os deuses moravam no céu, resolveram que, em seus atos religiosos, queimariam ervas e madeiras aromáticas para poder agradá-los.

E, a partir dessa percepção, criaram-se os incensos, que hoje podem ser encontrados em vários formatos e fragrâncias. Também era um costume antigo utilizar ervas aromáticas e resina sobre o carvão em brasa para afastar perigo de infecção, como também afugentar maus espíritos, pessoas ruins e processos magísticos negativos de pessoas e ambientes.

Tomamos sempre a Índia como referência ao Povo Cigano, e lá o uso de incenso data-se desde o início de sua cultura até os dias de hoje.

Portanto, será muito comum encontrarmos dentro dos trabalhos do Povo Cigano na Umbanda a utilização dos incensos.

A seguir, trazemos uma lista dos incensos mais utilizados pelo Povo Cigano, bem como suas propriedades.

- **Absinto** – estimula a imaginação, criatividade e sensualidade.

- **Acácia** – rituais mágicos para atrair dinheiro e prosperidade.

- **Alecrim** – proteção.

- **Alfazema** – para relaxar e acalmar a mente, tranquilidade nos relacionamentos.

- **Almíscar** – afrodisíaco.

- **Aloe vera** – purifica ambientes, estimula sensibilidade e meditação.

- **Âmbar** – afrodisíaco.

- **Angélica** – conexão com as esferas angelicais.

- **Anis-estrelado** – positividade no material e no emocional.

- **Arruda** – limpeza, purificação de ambientes.

- **Baunilha** – relaxa e tonifica.

- **Benjoim** – purifica, atrai energia positiva.

- **Camomila** – acalma e relaxa.

- **Canela** – tem ação antidepressiva, aumenta a alegria de viver, prosperidade.

- **Capim-limão** – atua em pessoas tristes e desanimadas.

- **Cedro do Oriente** – atrai prosperidade.

- **Chocolate** – restaura a energia.

- **Cravo** – estimula energia, prosperidade.

- **Dama-da-noite** – afrodisíaca.

- **Erva-cidreira** – relaxamento.

- **Erva-doce** – tranquilidade e sensibilidade.

- **Eucalipto** – concentração e raciocínio.

- **Flor de laranjeira** – acalma, relaxa.

- **Flor-do-campo** – traz a harmonia da natureza.

- **Floral** – tranquiliza e relaxa.

- **Hortelã** – antidepressivo.

- **Jasmim** – relaxante.

- **Lavanda** – relaxa a mente, tranquilidade nos relacionamentos.

- **Lírio** – eleva pensamentos para busca da espiritualidade.

- **Lótus** – meditação, conhecimento espiritual.

- **Lua** – amor, paz, amplia a intuição.

- **Maçã verde** – saúde física.

- **Madeira** – abre caminhos.

- **Madressilva** – segurança emocional, elimina traumas do passado.

- **Manjericão** – proteção espiritual.

- **Mel do Oriente** – promove união e adoça as relações.

- **Mirra** – prece e oração.

- **Morango** – vitalidade e energia.

- **Musgo de carvalho** – regenerador de energias, utilizado em magias.

- **Musk** – afrodisíaco.

- **Noz-moscada** – atrai dinheiro, aumenta segurança emocional.

- **Ópio** – sensualidade, êxtase.

- **Patchuli** – paz de espírito, meditação e intuição.

- **Rosa amarela** – sucesso, prazer, riqueza.

- **Rosa branca** – pureza e paz, harmonia.

- **Rosa (buquê)** – harmonia e bem-estar.

- **Rosa vermelha** – amor, paixão, afrodisíaco.

- **Sândalo** – meditação e práticas espirituais.

- **Violeta** – combate a timidez, insegurança, fortalece a personalidade.

Os Incensos e os Signos

Áries – mirra, cipreste, almíscar, angélica, ópio, rosa musgosa, alecrim.

Touro – sândalo, camomila, arruda, orquídea.

Gêmeos – canela, âmbar, indiano e eucalipto.

Câncer – cânfora, jasmim, maçã rosada.

Leão – amor-perfeito, cedro, lótus, rosa branca, sândalo vermelho.

Virgem – canela, cravo-da-índia, rosa musgosa, angélica, benjoim.

Libra – eucalipto, calêndula, cedro, jasmim, orquídea.

Escorpião – almíscar canforado, flor-do-campo, lótus.

Sagitário – alfazema, alecrim, sândalo amarelo.

Capricórnio – arruda, alecrim, cravo-da-índia, sândalo vermelho.

Aquário – cedro, flor-do-campo, eucalipto, rosa branca.

Peixes – rosas, jasmim, mirra, ópio, sândalo amarelo.

Os Minerais na Linha Cigana

Os Ciganos são entidades que detêm conhecimentos vastíssimos na natureza. Seus trabalhos são sempre ricos em elementos que nos criam um grande fascínio e curiosidade, por tamanha quantidade e diversidade desses elementos que são manipulados muitas vezes em um só trabalho.

Os minerais são um desses elementos que se tornam mágicos e religiosos nos trabalhos do Povo Cigano. Eles podem ser utilizados de forma bruta, rolada, esférica, em bastões, pêndulos ou ainda lapidados na forma que se deseja atrair energeticamente, como pirâmides, corações, cruzes, trevos, setas, espadas, adagas, etc.

Esses minerais podem ser utilizados durante os atendimentos, como também em trabalhos ou no uso contínuo em nosso dia a dia, como pingentes e amuletos.

Vamos agora a alguns minerais mais utilizados nos trabalhos ciganos.

• **Ágata:** desenvolve a coragem e a força, ajudando a aceitar a verdade e o destino. Fortalece o corpo e a mente. É uma pedra de energia muito poderosa.

- **Amazonita**: equilibra todos os centros de energia (chacras) do corpo. Atua beneficamente em todas as desordens do sistema nervoso. É uma pedra de ligação com a alta dimensão e traz paz de espírito.

- **Âmbar:** permite ao corpo curar-se pela absorção e transmutação da energia negativa para positiva. Anima a disposição e estimula o intelecto. Abre o chacra coronário. Ajuda a conexão com a consciência da perfeição universal e a realização espiritual. Usada em casos de perda de memória, ansiedade e incapacidade de tomar as próprias decisões.

- **Ametista**: auxilia a percepção espiritual, levando a uma consciência maior. Corta as ilusões e é de grande ajuda para os mediadores. Facilita a transmutação das energias baixas para frequências altas. Limpa as conexões entre o plano da Terra e outras dimensões. Transmuta e equilibra energia negativa localizada em qualquer parte do corpo. Ametista também traz estabilidade, força, vigor e paz. Usada no tratamento de desordens do sistema nervoso, digestivo e celulares, coração, estômago, pele e dentes. Elimina o estresse. Inspira cura e intuição.

- **Água-marinha:** ajuda na digestão, limpa e equilibra o emocional. Fortalece o fígado, baço e rins. Estimula as células brancas do sangue.

- **Citrino:** ativa a força de vontade, combate a má digestão e os problemas do aparelho digestivo. Protege o sistema imunológico. Pedra de proteção.

- **Crisoprásio**: excelente para os períodos pré-menstruais. Preventiva de desequilíbrio dos pulmões, estômago e reativa o metabolismo. Equilibra os centros de energia (chacras) e relaxa estados de ansiedade e medo.

- **Diamante:** transmuta energias negativas para positivas. Purifica o corpo e o espírito. Amplifica as energias do corpo e da mente. Inspira inocência, purificação, confiança, abundância e serenidade.

• **Esmeralda:** pedra do amor. Inspira tranquilidade, prosperidade e paciência. Aumenta a clarividência. Fortalece pulmões e coração, aumenta as defesas físicas e espirituais.

• **Jade:** auxilia nos desequilíbrios dos olhos. Favorece a conexão com planos superiores espirituais.

• **Jaspe:** amplifica desejos, emoções, vitalidade, criatividade, autoconfiança, sucesso. Protege a circulação sanguínea. Aumenta o desejo sexual.

• **Lápis-lazúli:** poderosa pedra das habilidades físicas e da comunicação. Aumenta o poder da terceira visão. Acalma e relaxa em estados dolorosos e de tensão. Indicada para todos os médiuns e terapeutas.

• **Olho de tigre:** traz uma alta frequência de energia vibracional. Equilibra a percepção. Aumenta o poder de carisma e sedução.

• **Ônix:** traz sabedoria em decisões que precisam ser tomadas. Equilibra ambas as polaridades: masculina/feminina. Fortalece e tira o estresse. Alinha por inteiro o corpo físico com altas frequências de energia. Inspira serenidade, autocontrole e intuição.

• **Quartzo-branco:** amplifica todas as energias, aumentando a capacidade mental e auxiliando na memória. Potencializa as energias de cura. Serve em todos os campos de atuação cristalina. Se só puder usar uma pedra, use essa.

• **Quartzo-fumê:** esse quartzo pode ser usado no chacra básico, ele bloqueia nosso corpo contra as energias negativas, traz equilíbrio às emoções, nos dá força para caminhar quando há o medo de errar, nos traz a vontade de aprender e de reconhecer nossos erros. Também está ligado às forças sexuais, aumentando a fertilidade.

• **Quartzo-rosa:** pedra do amor. Inspira tranquilidade, prosperidade e paciência. Aumenta a clarividência.

• **Quartzo-verde:** conhecido também pelo nome de aventurina. É um cristal para ser utilizado no chacra cardíaco. A cor verde é considerada uma cor calmante, até mesmo desinfetante e desintoxicante. Os cromoterapeutas recomendam a cor verde nas paredes de escolas, hospitais, casas de saúde e até mesmo nos vitrais de banheiros. Colocado sobre a altura do coração, esse cristal acalma o coração, aliviando o estresse, trazendo assim equilíbrio para o organismo, devolvendo o ritmo cardíaco, levando-nos à paz mental e espiritual. Pode ser utilizado também no plexo solar, trazendo assim uma ação desintoxicante para o organismo, absorvendo as energias pesadas que adquirimos ao longo do dia.

• **Rubi:** usada para preservar o corpo físico e a saúde mental. Estimula o chacra cardíaco. Inspira sabedoria espiritual, saúde, conhecimento, tranquilidade e riqueza. Aumenta o desejo sexual.

• **Sodalita:** tem o poder de relaxar e abre a terceira visão, aumentando a comunicação com outros planos astrais. Também indicada para médiuns.

• **Topázio:** desintoxica o corpo. Desperta e inspira a abundância na saúde, ajudando na regeneração dos tecidos e fortalecendo órgãos e glândulas. O topázio coopera em seu desenvolvimento espiritual. Inspira paz, tranquilidade, criatividade e expressão.

• **Turmalina preta:** para quem deseja estar conectado com a consciência da "Nova Era". Traz uma forte proteção, aumentando a sensibilidade e a compreensão. Tira o medo e transmuta a negatividade. Um poderoso curador das desordens da mente.

• **Turquesa:** auxilia na regeneração dos tecidos. Protege contra todas as poluições do meio ambiente, em particular as radiações. Fortalece e alinha todos os chacras. Excelente pedra para usar na meditação ou em qualquer outra atuação espiritual. Ajuda no crescimento pessoal e expande a consciência. Auxilia nas situações do dia a dia e da sua vida em geral. Tem o propósito de equilibrar e curar o chacra da garganta. Inspira criatividade, paz, equilíbrio emocional, comunicação, lealdade e sabedoria.

Os Ciganos, por serem profundos conhecedores de pedras, cristais e minérios, utilizam esses elementos constantemente em seus trabalhos, seja em seus banhos de ervas, seja em suas essências, programando para utilização de seus consulentes como amuletos de sorte e proteção, como facilitadores da clarividência e também como oráculos.

Procedimento para Purificação dos Minerais

Em um recipiente com água e sal grosso, colocar os minerais de duas a 24 horas.

Após esse período, lavar em água corrente e deixá-los no Sol de seis a oito horas para serem energizados.

A imantação desses minerais deve ser feita por uma entidade Cigana.

O Poder da Pirita

Considerada a pedra dos Ciganos, a pirita, nome que descende do grego *Pyr*, significa "a pedra que emite calor", já que sua cor varia do ouro ao latão.

A pirita foi apelidada de "ouro de tolo", pois garimpeiros já a confundiram com ouro por causa da intensidade de seu brilho.

Já a correlação "ouro dos ciganos" se deu pelo fato de que os ciganos, em suas expedições, ao passarem pelas cidades, tentavam trocar as piritas por mercadorias, muitas vezes não obtendo sucesso, pois os comerciantes já as conheciam como mineral sem valor, exclamando: "Não me venham com esse ouro dos ciganos, isso não tem valor!"

A pirita é o mineral que atrai a prosperidade, mas também auxilia na redução da ansiedade e na melhora da saúde mental e física.

LEMBRETE: A pirita não pode ser lavada em água por causa da sua emissão de gases. Para purificá-la, siga as instruções a seguir.

• Passar a pirita no sal grosso e deixá-la por três horas.

• Após esse período, tire-a e deixe exposta ao Sol por seis horas.

Algumas Frutas mais Utilizadas pelos Ciganos

Os grãos, as sementes e as frutas são uma constante na mesa cigana. A mesa de frutas é a oferenda mais comum ao Povo Cigano. Encontramos mesa de frutas em todas as festas ciganas: casamentos, nascimentos, aniversários e comemorações em geral. Cada fruta tem um significado. Vejamos algumas:

• **Ameixa fresca:** representa o amor e também a fertilidade masculina.

• **Amêndoas e castanhas:** no Ano-Novo, as amêndoas são colocadas na carteira para atrair dinheiro e as castanhas para garantir vigor sexual.

• **Amora e framboesa:** significam paixões arrebatadoras. As folhas são usadas sobre o corpo da mulher para que ela tenha um bom parto. As duas frutas são utilizadas em poções afrodisíacas.

• **Banana:** representa o órgão reprodutor masculino, logo, a virilidade masculina, utilizada contra situações de impotência dos homens.

• **Cereja:** é usada em festas de noivados, pois significa amor. Em banhos, é utilizada para atrair um parceiro. Os Ciganos afirmam que cerejas são diuréticas e calmantes.

• **Damasco:** utilizado para trabalhos de amor e saúde. É afrodisíaco e traz a vitalidade, a renovação e a expansão da energia.

• **Figo:** estimulante sexual (aberto, o figo se assemelha ao órgão genital feminino). Usado também como remédio para depressão, ansiedade e falta de memória.

• **Frutas em compotas:** (pêssego, abacaxi, figo, ameixa, etc.) representam doçura, sensualidade e riqueza.

• **Frutas secas:** de modo geral, representam abundância e fartura.

• **Goiaba:** representa a vagina, usada para tratamento de cura de doenças instaladas nas partes íntimas femininas.

• **Kiwi:** por sua cor verde, representa a saúde e a busca do conhecimento.

• **Maçã:** está presente na grande maioria dos trabalhos de amor realizados pelos Ciganos. Ela estabiliza o amor, a paixão, e é o símbolo do conhecimento espiritual e da fertilização.

• **Mamão:** é a fruta mais usada contra a infertilidade feminina. Seu formato representa o útero e sua abundância de sementes representa os óvulos.

• **Manga carlotinha:** usada para acalmar e adoçar crianças levadas.

• **Manga-rosa:** atratora no campo do amor.

• **Manga Tommy:** usada para representar abundância e prosperidade.

• **Melancia:** muito presente na decoração das festas, significa prosperidade pelo grande número de sementes e fertilidade, também pela cor vermelha de seu interior. Ótimo para trabalhos de prosperidade e fartura.

• **Melão:** como é uma fruta que possui muitas sementes, representa a fertilidade do homem cigano. É constante na mesa de frutas e é comum ser substituído pela melancia ou acrescentado a ela. Também significa prosperidade e um casamento rico pela frente.

• **Morango:** mais uma fruta para ritual do amor. A cor e o sabor dão energia para conquistar o amor. O chá e as poções com morango são para curar desilusões amorosas.

• **Pera:** usada muitas vezes com as maçãs. Os persas acreditavam que seu sabor perdurava até depois da morte. A pera está ligada à imortalidade e à boa saúde. Também representa a paz e o útero. Para magias de fertilidade, pode ser substituída pelo mamão.

• **Pêssego:** representa o amor e é muito usado para magias, tanto no sentido do amor conjugal, como universal (paz entre pais e filhos e familiares).

• **Romã:** fruta empregada em chás e essências para atrair dinheiro e felicidade. Em banhos ou talismãs, é garantia de fertilidade.

• **Uva:** se um cigano lhe der um cacho de uvas rosadas doce, é porque ele quer uma aproximação. Para eles, uva e amizade andam sempre juntas. Muito utilizada nos rituais, pois a uva é atratora da amizade, da felicidade e da prosperidade.

As frutas geralmente são regadas com mel, sementes (girassol, erva-doce, arroz com casca, etc.), pó de ouro ou purpurina dourada, pó de prata ou purpurina prateada, pó de cobre ou purpurina acobreada, para atrair ainda mais prosperidade, riqueza, fertilidade e sucesso para a vida de todos.

Comidas Ciganas

As comidas ciganas se diferem muito entre si. Variam entre as tribos e sofrem influência de sua região de origem. Porém, existem determinadas comidas que são comuns a todas as tribos. Os grãos, as sementes e as frutas são uma constante na mesa cigana. As carnes, quase em todas.

Em seguida, vou citar alguns pratos tradicionais. Contudo, é imprescindível mencionar que todas as oferendas feitas para o Povo Cigano devem apresentar zelo, capricho e quantidade suficiente para repartir com todos os familiares e amigos que quiserem compartilhar da mesa cigana.

Como esse assunto é muito extenso, vamos citar apenas alguns alimentos e seus significados.

• **Arroz:** o arroz dos ciganos é servido misturado com outros ingredientes. Geralmente é usado arroz integral. Não é um prato único, ou seja, na mesa cigana encontramos: arroz no azeite, arroz com ervas finas, arroz com lentilha, com farinha de quibe, etc. Todos eles misturados também com cenoura, ervilha, batatas, oleaginosas (castanhas, nozes, amêndoas, etc.). Significa paz, união, prosperidade.

• **Carnes:** podem ser servidas ensopadas ou assadas como churrasco. Nas festas ciganas, podemos encontrar, geralmente, todos os tipos de carne: bovina, suína, aves, peixes e carne de caça. Representam a força e garantem vitória contra os adversários.

• **Farinha de quibe:** também é muito utilizada na mesa cigana. Pode ser misturada com vários pratos, inclusive no arroz. Pode ser feita também com carne moída e degustada como o quibe tradicional que conhecemos. Também representa prosperidade e fartura.

• **Grão-de-bico:** constante nas festas ciganas, é preparado de diversas maneiras, inclusive como pasta. Os grãos têm vários significados, dependendo da qualidade e do propósito com que estão sendo oferecidos. Geralmente significam prosperidade e fartura.

• **Grãos:** os feijões não são muito usados, porém não podemos excluí-los. Alguns ciganos colocam em sua culinária o feijão-fradinho, o feijão-manteiga e o feijão-branco. Todos eles podem ser servidos como pratos frios ou quentes, assim como a lentilha. A soja é mais comum do que os feijões. Na maioria das vezes, é usada como prato quente.

• **Lentilha:** pode ser servida como um prato frio ou quente. Como prato frio, é comum ser misturada com azeitonas (a oliveira é uma árvore sagrada também para os ciganos), rodelas de linguiça ou paio, toucinho, ervas frescas (salsa, cebolinha, etc.), ervilhas, ovos cozidos em rodelas ou pedaços, milho, tomate cortado em pedaços sem sementes, queijos e gergelim preto torrado. Como prato quente, pode ser preparada como uma feijoada, com suas carnes de porco ou de boi. Pode ser servida também misturada com arroz, cenoura, azeitonas, ervas frescas, fatias finas de frios, ovos de codorna, milho, ervilha, pequenas cebolas (picles), regada com bastante azeite e gergelim preto torrado. A lentilha representa dinheiro, prosperidade e fartura.

• **Pães:** são servidos na mesa, assim como o arroz, de vários sabores e formas, doces e salgados. Os pães doces são recheados com frutas cristalizadas, canela, erva-doce, cravo, nozes, castanhas e geralmente decorados com fios de ovos. Os pães de sal são recheados e decorados também. Alguns pães de sal: pão de linguiça, pão de alho, pão de cebola, pão de ervas, pão de salmão, de carne, etc. Em diversas culturas, assim como também para os ciganos, o pão é um símbolo sagrado. Representa alimento para o corpo e para a alma, lembrando que deve ser sempre partido com as mãos.

• **Pastas:** fazem parte da culinária cigana e são muito apreciadas. Citaremos algumas delas: pasta de alho, de cebola, de grão-de-bico, de azeitonas, patês em geral, etc.

• **Picles:** assim como as pastas, não podem faltar na culinária cigana. Citarei alguns picles mais comuns: cebola, berinjela, couve-flor, cenoura, pepino, maxixe, quiabo, etc. Dão calor às reuniões, promovendo aproximação das pessoas em uma festa.

• **Saladas:** assim como todos os pratos da culinária cigana, as saladas são muito coloridas e decoradas. A cor e a decoração refletem a variedade de ingredientes e temperos. A salada cigana leva uma mistura de legumes, verduras, frutas, grãos e até pétalas de flores. Representam a alegria e o colorido da vida.

• **Temperos:** são os mais diversos e coloridos: cebola, pimentão, alcaparra, alho, azeite, vinhos (tinto, branco e *rosé*), tomate, orégano, manjericão, erva-doce, cravo, gergelim (branco e preto, em grãos ou ralado), mel, hortelã, pimentas, noz-moscada, cominho, etc. Os temperos têm muitos significados dependendo da função pretendida.

Exemplos: pimenta (calor), mel (doçura), azeite (unção), manjericão (pureza), etc.

Banhos Receitados pelo Povo Cigano

BANHO DE ATRAÇÃO

- 3 canelas em pau;
- 2 colheres de mel;
- 1 maçã picada.

BANHO CIGANO DE AMOR

- 1 panela com 2 litros de água;
- arruda;
- erva-doce;
- ramo de amor-agarradinho;
- 2 colheres de açúcar cristal;
- 7 gotas do seu perfume.

BANHO PARA ENCONTRAR UM AMOR

- 7 copos de água mineral;
- rosas brancas;
- 7 pitadas de açúcar cristal;
- 7 gotas de essência de verbena;
- 1 pedaço de cânfora;

(Bom para fazer na Lua cheia ou crescente.)

BANHO PARA SE LIVRAR DE NEGATIVIDADE OU PARA AUMENTO DO PODER INTERNO

- 1 maço de manjericão fresco;
- 1 litro de água mineral.

BANHO PARA DESCARREGAR

- 1 galho de arruda macho;
- 1 litro de água mineral.

BANHO PARA AVIVAR O AMOR

- 1 maçã vermelha picada;
- 1 maço de salsa;
- 3 litros de água mineral;
- 3 colheres de mel;
- 7 gotas de essência de laranjeira.

BANHO PARA PROSPERIDADE

- 3 litros de água mineral;
- 7 paus de canela pequenos;
- 1 colher de chá pequena de noz-moscada em pó;
- 7 folhas de louro;
- 1 colher de sopa de erva-doce;
- 7 moedas douradas ou peça de ouro;
- pétalas de 1 rosa amarela.

BANHO PARA AUTOESTIMA

- 7 punhados de manjericão seco;
- 3 rosas brancas.

BANHO PARA MELHORA DE RELACIONAMENTO

- 3 rosas vermelhas;
- 3 canelas em pau;
- 7 cravos-da-índia;
- 3 colheres de sopa de mel.

BANHO PARA ABERTURA E FORTALECIMENTO DA INTUIÇÃO

- ½ xícara de anis-estrelado;
- ½ xícara de tomilho;
- ½ xícara de raiz de lótus;
- ½ xícara de sálvia;
- ametista, quartzo-fumê, lápis-lazúli, pedra da lua, malaquita;
- incenso de sândalo;
- vela lilás;
- taça com água.

BANHO PARA PROSPERIDADE FINANCEIRA

- 1 ramo de salsa;
- 1 colher de canela em pó;
- 1 colher de noz-moscada em pó;
- 1 colher de mel;
- 1 colher de gengibre ralado.

BANHO PARA PROSPERIDADE

- 2 litros de água mineral;
- pétalas de flores-do-campo coloridas;
- 1 colher de mel;
- cravos-da-índia;
- 3 canelas em pau grande;
- 1 colher de alecrim.

BANHO PARA CORAGEM

- 2 litros de água;
- 1 colher de alfazema;
- 1 colher de manjericão;
- 3 rosas brancas;
- 1 colher de alecrim;
- 1 colher de canela em pó;
- 1 colher de cravo-da-índia (sem a pimenta).

PODEROSO BANHO DE ATRAÇÃO CIGANA PARA TODOS OS SENTIDOS

- 3 canelas em pau;
- 7 cravos-da-índia;
- 1 colher de alecrim;
- 1 colher de erva-doce;
- 7 anis-estrelado;
- 7 gotas de mel;
- 7 gotas do seu perfume preferido.

Oráculos Ciganos

- **Acutomancia:** previsões por meio de agulhas.

- **Bola de cristal:** utilizada geralmente por mulheres com claridência. Elas se concentram e conseguem visualizar imagens do presente e do futuro na bola de cristal.

- **Cafeomancia:** análise da borra de café.

- **Cartomancia:** leitura da sorte por meio das cartas do baralho cigano.

- **Ceromancia:** análise feita por meio de cera quente, pingada sobre uma superfície seca ou com água.

- **Cristalomancia:** adivinhações por pedras preciosas (cristais).

- **Dadomancia:** leitura da sorte nos dados.

- **Jogo das patacas:** alguns homens ciganos costumam fazer análise por meio de caroços de frutas.

- **Piromancia:** leitura da sorte na chama da vela.

- **Quiromancia:** a leitura das linhas das mãos é habitual nas mulheres ciganas, sendo aprendida desde criança.

Tarô Cigano

As tradições ciganas são milenares, principalmente na arte adivinhatória, por meio do tarô e da quiromancia. Passadas de geração a geração, sobrevivem aos nossos tempos.

Existem muitas lendas a respeito e livros editados para desvendar a origem do tarô. Mas o que importa é que ele nos transmite, de uma forma simples, uma leitura dos seus símbolos. É composto de 36 cartas, cuja simbologia está ligada à nossa existência.

Toda esta leitura é feita de uma forma terapêutica, trazendo uma visão junguiana, portanto, não se trata meramente de um atendimento adivinhatório. É, sim, uma leitura profunda do subconsciente e do consciente do consulente.

Seu Futuro na Borra de Café

Para alguns povos, como os ciganos, a borra deixada pelo café ou pelo chá na xícara teria o poder de revelar o futuro de quem bebeu nela. Observe a figura que se formou no fundo ou na lateral da sua xícara. Veja se parece com algumas dessas figuras e conheça o significado:

- **Âncora:** sucesso nos negócios.
- **Bengala:** ajuda inesperada.
- **Cachimbo:** viverá um amor proibido.
- **Escada:** dificuldades pela frente.
- **Espiral:** pessoa querida está pensando em você.
- **Estrela:** felicidade em todos os setores.
- **Linhas curvas:** dificuldades futuras.
- **Linhas paralelas:** os caminhos estão abertos para a prosperidade.
- **Linhas retas:** sinal de determinação.
- **Lua:** romance em breve.
- **Montes:** sucesso profissional.
- **Ovos:** você está sendo traído.
- **Pontos:** herança ou aumento de salário.
- **Porta:** oportunidades futuras.
- **Prédio:** problemas com dinheiro.

- **Quadrado:** momentos de insatisfação e solidão no futuro.
- **Sol:** sorte e felicidade.
- **Traços:** novo projeto se aproxima.
- **Triângulo:** grande sorte no amor com um novo relacionamento.

Quiromancia

A quiromancia é a arte mais antiga do mundo, assim como o baralho cigano. É a arte da leitura das mãos, símbolo de força e poder, admirada por Aristóteles, o filósofo, que dizia ser a mão o órgão mais importante do corpo, apresentando as características do indivíduo, caminhos do passado, presente e predisposições para o futuro.

Júlio César escolhia seus homens para o combate baseando-se nos traços das mãos. Na Idade Média, as mãos retratavam os desenhos da vida.

Existe uma lenda que somente a mão esquerda (o lado do coração) deve ser avaliada na quiromancia, mas o real é que quase todas as pessoas são destras e, assim, a mão esquerda fica protegida de acidentes e do trabalho pesado, o que facilita a interpretação dos sinais.

As duas mãos são importantes para uma boa leitura, pois a esquerda mostra o passado, o que herdamos de vidas pretéritas, as nossas tendências, que influenciam no presente e futuro, decifrados na mão direita.

Devem-se observar na leitura:

• O tamanho das mãos (pequenas, grandes, estreitas, largas);

• Flexibilidade (flexível, moderadamente flexível, firme, rígida);

• Tipos (receptivas, realistas, mistas);

- Os dedos;

- Os montes;

- As linhas;

- Os sinais cabalísticos.

O conceito ocidental de destino trata de algo preestabelecido e que não pode ser mudado. O conceito de carma é diferente, é uma palavra sânscrita, sua raiz *kri* refere-se ao verbo fazer e significa: "ação, movimento, atividade". Portanto, nosso futuro será estabelecido pelas nossas atividades atuais e pode ser alterado se mudarmos o modo de agir em nossas vidas, geralmente conhecido como "lei de causa e efeito".

Guna significa "natureza" e se refere tanto à natureza macrocósmica universal quanto à natureza individual. Na Guna estão impressos o caráter, a personalidade e o temperamento de cada ser humano, que indicam as tendências particulares de cada indivíduo.

A mão é uma estrutura completa em que se manifestam "Guna" e "Carma"; por isso, recomenda-se fazer uma análise completa das mãos antes de emitir qualquer opinião.

A "Guna" pode ser observada pela cor, forma, temperatura, tamanho, umidade, etc. Essa observação presta-se principalmente para identificar problemas físicos ou psicossomáticos resultantes de estados emocionais alterados.

Observação da cor das palmas das mãos:

Via de regra, todo tipo de pigmentação é sinal de fraqueza; deve-se recomendar ajuda médica de acordo com o sintoma identificado na leitura.

Vejamos alguns exemplos:

Saúde física:

Pigmentação amarelada: problemas no fígado e glândulas em geral.

Pigmentação azulada: infecção nos rins que é transmitida ao sangue.

Pigmentação avermelhada: problemas circulatórios.

Pequenas bolinhas brancas estouradas: taxas altas de glicose, diabetes.

Estados emocionais:

Mão branca: espiritualidade, pessoa calma.

Mão rosada: bondade, pessoa generosa.

Mão avermelhada, quente e úmida: paixão descontrolada, pessoa colérica.

Mão rude e áspera: ignorância, pessoa egoísta.

Mão suave: intelectualidade, pessoa sensível.

Observação das formas das mãos:

Pelo método de D'Arpentigny (célebre quiromante francês do século XIX):

1 – Mão elementar: mão roliça, palma curta, dedos curtos e movimentos grosseiros. Pessoas apaixonadas e de mentalidade frágil. Pessoas sem grandes aspirações, demasiado comuns, vivendo sob a esfera das demais.

2 – Mão quadrada: mão roliça, palma longa, dedos curtos e movimentos leves. Pessoa prática, lógica, quase fria. De costumes rotineiros e ordenados. Grande capacidade de realização, obstinada pelos seus objetivos, pouco original ou imaginativa.

3 – Mão espatulada: mão magra, ligeiramente torta, ponta dos dedos arredondados: Pessoa entusiástica pelas boas coisas da vida, porém inquieta e pessimista. Às vezes bonachona, faltando-lhe persistência.

4 – Mão filosófica: mão magra, dedos nodosos. Pessoa dedutiva, analista, meditativa, com tendência à filosofia e que busca a verdade interior. São pessoas honestas, justas e moderadas com outras pessoas.

5 – Mão cônica: mão longa, firme e desenvolvida. Pessoa sensual e extrovertida, imaginação fértil e de pouco raciocínio. Aprecia a beleza, as artes em geral, tem fome de poder e apego exagerado ao dinheiro.

6 – Mão psíquica: mão bonita e harmoniosa. Pessoa de personalidade inquieta, intensa paixão pelo idealismo. Sonhadora, seu estado de espírito é cíclico e alternado. Complexa e neurótica.

7 – Mão mista: mão que reúne características de dois, três ou mais tipos. São pessoas muito comuns, a maioria se enquadra, sem grandes aspirações e de mentalidade mediana. Comportamento e gosto vulgares.

Leitura das Mãos

O método a seguir tem por referência a mão de uma pessoa destra, isto é, faz-se a leitura na mão direita e a confirmação na mão esquerda, quando necessário.

As linhas da mão direita são mutáveis, ou seja, transformam-se com o passar do tempo e as experiências adquiridas, já as linhas da mão esquerda são imutáveis e estão relacionadas ao carma que trazemos de vidas passadas.

Observação: Caso o(a) consulente seja canhoto(a), deve-se inverter a ordem das mãos.

Para procedermos à leitura das mãos, dividimos os sinais nas mãos em três partes distintas: montes, linhas e sinais cabalísticos, pelos quais podemos identificar o carma. Isto é, por meio desses montes, linhas e sinais, identificamos o que a pessoa realizou, o que está realizando agora e o que está por realizar.

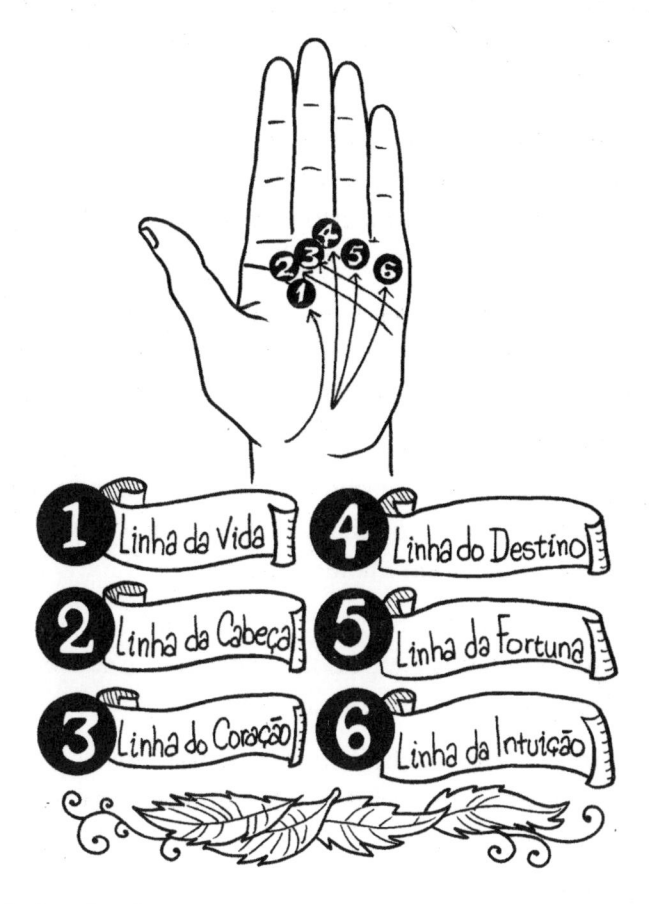

As linhas fundamentais são divididas em principais e secundárias.

As principais são: linha da vida, linha da cabeça, linha do coração, linha do destino, linha do Sol, linha da saúde, cinturão de Vênus. Veja a seguir alguns exemplos de linhas observadas com maior frequência.

Linha da vida: longa – vida longa e próspera. Curta – deve-se consultar a mão esquerda; havendo confirmação, a pessoa deverá cuidar melhor de sua saúde; com o tratamento do corpo a vida poderá ser prolongada, caso contrário, sua existência também será curta. Grossa, pessoa terá personalidade marcante. Fina, personalidade maleável. Em forma de corrente ou corda, pessoa de vida complicada com muitos embaraços.

Linha da cabeça: longa, pessoa racional. Curta, pessoa emocional. Longa e caída, inteligência não desenvolvida. Cortada, pessoa geniosa de difícil relacionamento.

Linha do coração: longa, pessoa amorosa e romântica, age em função do sentimento. Curta, pessoa interesseira, age em função da razão. Se a linha do coração for proporcional à da cabeça, a pessoa equilibra razão e emoção.

Linha do destino: iniciando ao lado da linha da vida, carreira bem-sucedida. Unida à linha da vida, obstáculos na primeira metade da vida. Dupla, mudança de carreira ao longo da existência.

Linha do Sol: quando bem definida e em harmonia com a linha do destino, revela uma vida coroada de sucesso. Quando mal definida, indica uma vida de altos e baixos. Ausente, indica tendência para as artes, reconhecimento em idade avançada.

Linha da saúde: ausente, vida saudável e muita resistência. Bem definida, inspira cuidados e a pessoa deve evitar excessos alimentares, fumo, álcool e outras substâncias tóxicas.

Cinturão de Vênus: bem definido, pessoa sensível, intelectual, comportamento social instável, às vezes calma e alegre, outras vezes sombria e depressiva. Dificuldades nos relacionamentos afetivos.

As secundárias são: linha de Marte, linha da paixão, linha da intuição, linha do casamento, braceletes.

Linha de Marte: formada por uma linha curva, que corre por dentro da linha da vida. Bem definida, revela pessoa nervosa, ansiosa, alcoolismo e drogas.

Linha da paixão: muito rara; quando aparece, corre paralelamente e à esquerda da linha da saúde. Sua presença revela personalidade vacilante e paixões desenfreadas.

Linha da intuição: linha semicircular, localiza-se entre os montes de Mercúrio e da Lua. Quando bem definida, revela poderes ocultos e mediunidade.

Linha do casamento: encontra-se na base do dedo de Mercúrio (mínimo). Quando próxima à linha do coração, a pessoa casará jovem. Se terminar perto do monte de Mercúrio, o casamento ocorrerá após os 29 anos. Inclinada para o monte do Sol, casamento por interesse e ausência de amor. Bifurcada no final, separação. Curva em direção à linha do coração, ficará viúvo(a). Qualquer linha fina, paralela à linha do casamento, indica adultério, pessoa volúvel.

Além desses aspectos, existem outros a considerar, por exemplo, as linhas que cortam a do casamento representam os filhos, linhas grossas, filhos homens, linhas finas, mulheres, linhas dos filhos cortadas significam perdas.

Braceletes: fáceis de identificar, localizam-se na base da palma da mão, perto do pulso. Podem ser um, dois ou três. Bem definidos, saúde boa. Interrompidos, vaidade, insegurança, mentira.

Os Montes

As áreas mais carnosas em torno das palmas das mãos são chamadas "montes" e receberam os nomes dos sete planetas mágicos das antigas tradições, são eles: monte de Vênus, monte de Júpiter, monte de Saturno, monte do Sol, monte de Mercúrio, montes de Marte = ativo (+) passivo (-), e monte da Lua.

Monte de Vênus: associado às emoções, à beleza e à vida sexual. Bem desenvolvido indica compreensão para com o próximo, desejo sexual, compulsividade. Narcisismo.

Monte de Júpiter: está relacionado ao ser e ao ego. Com bom aspecto indica boa sorte, sucesso, fama, enriquecimento.

Monte de Saturno: está relacionado à vida profissional. Tranquilidade, prudência, teimosia e obstinação. Inclinação para o ocultismo e filosofia.

Monte do Sol: está relacionado à vida social, política e religiosa. Amor pela beleza e pelas artes em todas as suas formas. Tendência para o exibicionismo.

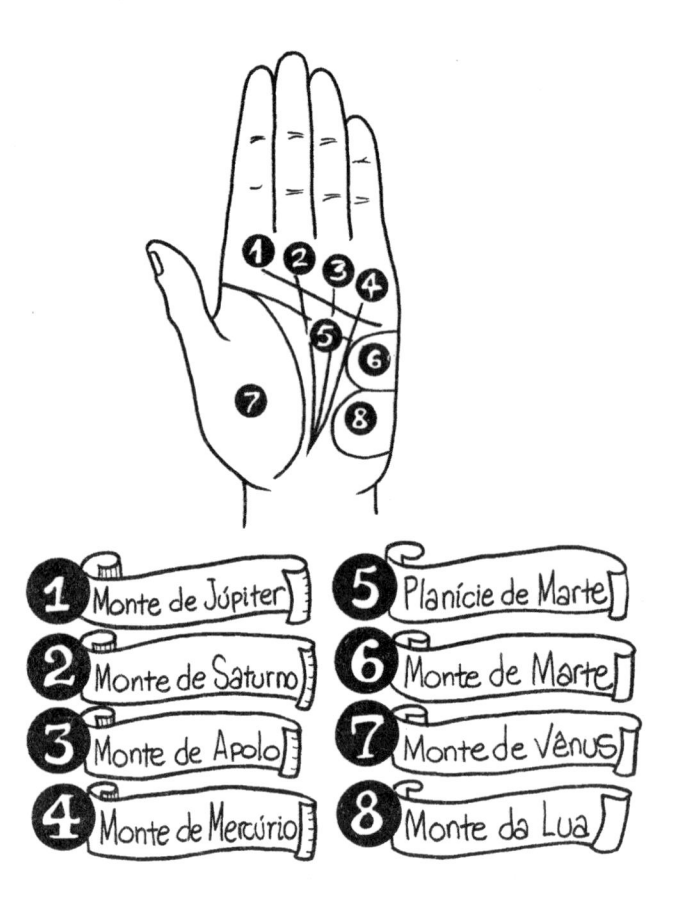

Monte de Mercúrio: com bom aspecto, pessoa alegre e emocionalmente equilibrada, aprecia as viagens e o lazer junto à família. Com mau aspecto, desejo ardente de provocar mudanças.

Montes de Marte: ativo (+): tenacidade, vigor físico, personalidade forte, irritadiça e de difícil convívio.

Passivo (-): excesso de confiança, falta de discernimento dos direitos e deveres.

Monte da Lua: quando bem definido, revela pessoa romântica e de imaginação fértil. Se exagerado, revela pessoa sonhadora, dispersa, linfática, distante do mundo.

Os Sinais Cabalísticos

Os sinais que aparecem nas mãos, além de ter o seu significado particular observado, devem ser interpretados em conjunto com as linhas e os montes onde se apresentam.

Os sinais mais frequentes são:

Linhas quebradas: perda de força e concentração.

Correntes: perda de energia, indecisão, insegurança.

Ponto: fato negativo pode indicar acidente ou doença.

Ilha: rupturas, rompimentos, doença, perda de energia.

Linha bifurcada: fim da linha da vida, mudança. Fim da linha da cabeça, pais separados.

Grade: representam dificuldades e caminhos fechados.

Cruz: sofrimento.

Triângulo: proteção.

Pentagrama (estrela de cinco pontas): sorte e evolução espiritual. Êxito nos negócios.

Hexagrama (estrela de seis pontas): dom da cura. Proteção e luz espiritual.

Tridente (garfo de três dentes): pessoa possui dupla personalidade.

Quadrados: caminhos fechados. Dificuldade nos negócios. Insucesso.

Magias Ciganas para Todos os Fins

Neste capítulo, trazemos para nossos leitores um pouco do poder mágico religioso do Povo Cigano, lembrando sempre que tudo que é sagrado deve ser realizado com muita fé e respeito.

Os Ciganos se apresentam como um povo alegre e festivo, mas isto não lhes tira a seriedade em suas ações espirituais, por isso ressaltamos que tudo que está aqui colocado entra no rol das magias compiladas àquelas que foram criadas justamente para que a humanidade se sirva dos seus benefícios.

Faça e peça com fé, o Povo Cigano há de lhe ajudar!

MAGIA CIGANA PARA DINHEIRO

Materiais: 1 maçã vermelha, 1 canela em pau, 1 taça de vidro transparente, 21 cravinhos-da-índia, 7 colheres de mel, 7 moedas, 1 pedacinho de papel e 7 velas coloridas (pode escolher as cores que quiser, mas coloque pelo menos três cores diferentes).

Modo de fazer: escreva com um lápis sete vezes o seu nome no papel. Depois pegue a maçã, lave-a e seque com um papel-toalha ou guardanapo de papel, em seguida crave 21 cravos em torno da maçã. Pegue o pedaço de papel que você anotou seu nome e o coloque dentro do pau de canela, na sequência o espete bem no topo da maçã.

Coloque a fruta dentro da taça e distribua as moedas em volta, regue com 7 colheres de mel e acenda as velas ao redor da taça. Faça sua prece ao Povo Cigano, pedindo que lhe traga dinheiro, clientes, prosperidade, um novo emprego, enfim, tudo o que esteja precisando para ter prosperidade e fartura em sua vida.

Escolha um lugar próximo à porta de entrada para colocar o trabalho e deixe-o por 15 dias. As moedas e a taça deverão ser retiradas e utilizadas normalmente. Despache a maçã aos pés de uma árvore frondosa e aguarde com fé para que seja contemplado pela fartura cigana.

MAGIA CIGANA PARA CONQUISTAR DINHEIRO (POTE CIGANO DA PROSPERIDADE E RIQUEZA)

Materiais: 1 pote de vidro limpo, 1 punhado de milho cru, sementes de gergelim, canela em pau, 7 unidades de cravo, pimenta-da-jamaica, amendoim, 7 moedas douradas (devem ser lavadas e secadas propriamente), 1 perfume de flor de laranjeira, 1 vela de sete linhas e 7 ímãs.

Modo de fazer: antes de começar, tome banho e vista uma peça de roupa amarela. Coloque o amendoim no fundo do pote, por cima adicione o milho e depois o gergelim, criando camadas. Após, adicione a canela, o cravo e a pimenta-da-jamaica. Coloque as moedas e os ímãs por último.

Acenda a vela de sete linhas ao lado do pote e chame pelos Ciganos. Peça que energizem o porte da riqueza, mentalize prosperidade, pense em coisas boas, em fartura, em novos negócios e faça uma oração. Quando a vela apagar, posicione-a dentro do pote e pingue sete gotas do perfume de flor de laranjeira. Todas as semanas, pingue mais sete gotas e refaça as orações, pedindo por prosperidade e riquezas.

MAGIA CIGANA PARA O DINHEIRO RENDER

Toda vez que receber algum pagamento, guarde uma moedinha dentro de um pote de barro. Quando completar o período de 13 meses, dê as moedas para alguma casa de caridade ou uma pessoa necessitada.

MAGIA CIGANA DA CANELA PARA ATRAIR DINHEIRO

Material: canela.

Modo de fazer: no primeiro dia de cada mês, vá até a porta do seu trabalho ou de sua casa e sopre um punhado de canela em pó. Lembrando que é de fora para dentro do ambiente, como se o dinheiro estivesse entrando.

Após feito isso, diga:

"Quando essa canela eu soprar, a prosperidade aqui entrará. Quando essa canela eu soprar, a fartura virá para ficar. Quando essa canela eu soprar, a abundância aqui vai morar".

ORAÇÃO CIGANA PARA CHAMAR DINHEIRO

"Opcha, opcha minha Santa Sara Kali, mãe de todos os ciganos desta terra ou espirituais.

Mãe de todos os ciganos e protetora das carruagens ciganas. Rezo invocando seu poder, minha poderosa Santa Sara Kali, para que abrande meu coração e tire as angústias que depositaram aos meus pés. Santa Sara, me ajude!

Abra meus caminhos para a fé no seu poder milagroso.

A senhora venceu o mal, todas as tempestades e caminhou nas estradas que Jesus Cristo andou.

Mãe dos mistérios ciganos, que dá força a todos os ciganos no dom da magia, me fortaleça agora, sendo eu cigano ou não cigano. Bondosa Santa Sara, abrande os leões que rugem para me devorar.

Santa Sara, afugente as almas perversas para que não possam me enxergar.

Ilumine minha tristeza para a felicidade chegar.

Rainha, atravessou as águas dos rios e do mar e não afundou; eu invoco seu poder para que eu não afunde no oceano da vida.

Santa Sara, sou pecador, triste, sofrido e amargurado. Traga-me força e coragem, como dá ao Povo Cigano, seu protegido.

Mãe, Senhora e Rainha das festas ciganas. Nada se pode fazer em uma tenda cigana sem primeiro invocar seu nome, e eu invoco pelo meu pedido, Santa Sara Kali.

Tocam os violinos, caem as moedas, dançam as ciganas de pés descalços em volta da fogueira, vem o cheiro forte dos perfumes ciganos, as palmas batendo, louvando o Povo de Santa Sara Kali. Que o Povo Cigano me traga riquezas, paz, amor e vitórias. Agora e sempre louvarei seu nome, Santa Sara Kali, e de todo o Povo Cigano. Opcha, opcha Santa Sara Kali!"

MAGIA CIGANA PARA PROSPERIDADE

Materiais: pote de vidro, arroz cru, açúcar, papel, caneta, maçã, canela, vela branca, purpurina se quiser, flores e cravo.

Modo de fazer: pegue o pote de vidro e coloque uma quantidade de açúcar e arroz, até que fique pela metade. Depois disso, escreva no papel o seu nome completo e das pessoas de sua família (que morem na mesma casa). Enterre esse papel na mistura de açúcar e arroz.

Por cima, coloque a canela e a maçã, por fim coloque as flores, o cravo e a purpurina, e acenda a vela dizendo:

"Salve a Cigana do Ouro, que ela traga prosperidade para a casa, para a família. Que a Cigana sempre me dê visão e que esteja sempre do meu lado, me protegendo e me abençoando. Salve a prosperidade, salve o amor, salve!"

Em seguida, mentalize a oferenda para o Povo Cigano e peça mentalmente prosperidade para sua vida.

Deixe tudo em seu altar ou em um local de fácil visualização. Depois de sete dias, retire os nomes e despache o restante na natureza.

MAGIA CIGANA PARA PROSPERIDADE

Materiais: prato virgem, alpiste, 7 moedas, 3 velas amarelas e mel.

Modo de fazer: acenda as velas formando um triângulo, coloque ao centro o prato de louça virgem, coloque um punhado de alpiste e sete moedas douradas, despeje mel por cima, mentalizando todas as coisas materiais que deseja obter. Deixe tudo em seu altar ou em um local de fácil visualização por sete dias; após, coloque em um caminho movimentado, pedindo em voz alta para os Ciganos mercadores trazerem a riqueza e a felicidade que você merece.

MAGIA CIGANA PARA ATRAIR BONS NEGÓCIOS

Materiais: 1 ímã neodímio, perfume.

Modo de fazer: consiga um ímã neodímio pequeno, pegue um perfume de que você gosta. Banhe o ímã com esse perfume, dizendo: "Neste ímã, que irá atrair sempre ótimos negócios para mim e que irá repelir qualquer mal, eu ponho fé". Feito isso, coloque o ímã em sua carteira.

Esse ímã deverá acompanhá-lo por toda a sua vida.

MAGIA CIGANA PARA ATRAIR LUCROS

Material: nota de maior valor.

Modo de fazer: em uma noite de Lua cheia, pegue a nota de dinheiro de maior valor que você tiver no bolso ou na carteira. Segurando essa nota pelas extremidades, com as duas mãos, mostre-a à Lua cheia e diga: "Lua cheia que viaja para o Oriente, quando voltar, traga-me bastante dessa semente". Repita essa frase três vezes, dando três estalos com os dedos na nota a cada repetição.

MAGIA CIGANA PARA JAMAIS FALTAR DINHEIRO

Materiais: 28 grãos de milho e 12 moedas douradas.

Modo de fazer: junte 28 grãos de milho e 12 moedas nas palmas das mãos, levante de frente para o Sol e peça ao irmão Sol que envolva os elementos, e que eles tragam expansão e abundância para todos que habitam a casa. Após esta consagração, deposite-os nos quatro principais cantos de sua casa, em cada um, coloque sete grãos de milho e três moedas. Não permita que ninguém mexa nos grãos de milho e nas moedas.

MAGIA CIGANA PARA JAMAIS FALTAR DINHEIRO

Materiais: 1 moeda dourada, um pedaço de pano vermelho e uma fita bem amarela.

Modo de fazer: em uma manhã de Sol, embrulhe a moeda no pano vermelho e amarre com a fita amarela. Vá para um lugar onde possa ficar ao Sol e onde ninguém possa vê-lo. Erga o pacotinho com a moeda na mão direita, em direção ao Sol, e diga: "Meu talismã, poderoso, que recebe energia que vem do Sol e que me trará, por toda a vida, muito dinheiro em meus negócios". Mantenha sempre esse talismã num dos bolsos de sua roupa, dentro da bolsa ou carteira.

MAGIA DO CIGANO BÓRIS PARA AUMENTAR OS NEGÓCIOS

Materiais: 1 carta de baralho (sete de espada), cálice ou copo contendo vinho *rosé*, uma vela azul-escura, 1 moeda dourada, 1 incenso de eucalipto ou alfazema (vareta).

Modo de fazer: procure um lugar adequado na sua casa, comércio. Pode ser atrás da porta. Coloque a carta no chão com o número para cima. Coloque o copo sobre a carta, com a moda dentro, mantendo o número para cima. Encha-o com o vinho *rosé* e acenda a vela e o incenso. Ofereça ao Cigano Bóris. Faça os pedidos apenas para os negócios. Troque o vinho às segundas-feiras acendendo uma vela e um incenso. A vela e o incenso podem ser acesos diariamente, se quiser. Inicie sob qualquer Lua. Menos sob a Lua minguante, pois não é apropriada aos negócios.

MAGIA DA CIGANA ESMERALDA PARA NUNCA LHE FALTAR DINHEIRO

Essa magia deverá ser feita numa Lua cheia ou crescente.

Materiais: 1 romã madura,1 moeda dourada, 1 prato de louça branco virgem, 2 colheres de açúcar, 1 incenso chama dinheiro, 1 vela branca, 1 pau de canela.

Modo de fazer: parta a romã ao meio, no sentido do comprimento, e separe as duas partes. Em uma das metades da romã, crave o pau de canela em pé. Na outra metade, crave a moeda em pé.

Coloque as duas metades da romã no prato de louça e vá polvilhando o açúcar nelas, por cima da moeda e da canela. Vá mentalizando seus pedidos de fartura, prosperidade, abertura de caminhos, oportunidades e chegada de dinheiro.

Acenda a vela de um lado do prato e o incenso do outro. Ore ao Povo Cigano, refazendo e reforçando seus pedidos a ele. Escolha um local na sua casa que seja perto da porta da rua. Deixe o prato lá por sete dias.

Após sete dias, recolha tudo e jogue o que sobrou em um jardim. Pode ser na sua própria casa, mas também em uma praça.

O prato e qualquer outro objeto usado no trabalho, para amparar a vela ou o incenso, poderão ser reutilizados normalmente.

Observação: Essa magia pode ser repetida todos os meses.

MAGIA PARA REALIZAR SEUS OBJETIVOS MATERIAIS E PROFISSIONAIS

Materiais: 1 vela laranja e um pires.

Modo de fazer: acenda a vela sobre o pires e recite a oração a seguir:

"Salve a natureza! Salve o círculo mágico azul que me envolve! Eu sou feliz e rico(a), eu tenho o hoje e o amanhã! Tenho o meu futuro pela frente! A saúde tomou conta de meu corpo! Obrigado(a) por tudo de bom que me deu e continuará dando! Porque eu posso, eu quero, eu mereço, eu vou conseguir por meio da Lua Cigana e dos Mentores Ciganos. Eu realizarei todos os meus sonhos, porque querer é poder, e eu posso! Salve Santa Sara Kali! Que sempre ilumine o meu caminho, afastando os inimigos da minha estrada. Que os olhos deles não cheguem até os meus e que seus passos não cruzem o meu caminho. Que eu realize meus objetivos materiais e profissionais. Que meus negócios prosperem. Que assim seja e assim se faça!".

TERRÁRIO DA FORTUNA

Espete sete pedacinhos de canela em uma maçã, procurando distribuí-los por toda a fruta. Reserve. Escolha um vidro médio e comece a enchê-lo com areia e carvão ativado. Complete com terra vegetal até a metade e coloque a maçã no meio do recipiente. Regue a fruta com um pouco de mel. Termine de encher o vidro com terra e plante sementes de jasmim ou alfazema perto da borda do recipiente. Regue o terrário normalmente com água.

RITUAL PARA O DINHEIRO RENDER

Acenda uma vela amarela sobre um pires e coloque um copo de água ao lado. Também ao lado, coloque um prato branco e, sobre ele, uma nota de dois reais e uma moeda de qualquer valor. Cubra a nota e a moeda com açúcar suficiente para que elas não apareçam. Em seguida, reze um Pai-Nosso, uma Ave-Maria, um Salve-Rainha e uma oração do Santo Anjo. Peça ao seu anjo da guarda e aos seus protetores espirituais que favoreçam a entrada de dinheiro na sua vida. Imagine esse valor na sua conta bancária ou na sua carteira. Quando terminar, jogue o açúcar e a água no vaso de uma planta que cresça rápido, como samambaia. Guarde o dinheiro com você até uma pessoa carente lhe pedir. Quando isso acontecer, peça novamente ao anjo e aos protetores que os caminhos dessa pessoa e os seus sejam abertos. O prato, pires e copo podem ser reutilizados depois de lavados.

POTE CIGANO DA PROSPERIDADE

Fazer este ritual em dia de Lua crescente ou Lua cheia.

Materiais: 1 pote de vidro transparente, tamanho à sua escolha, arroz, feijão, lentilha, milho, café em grãos, 6 folhas de louro, trigo.

Modo de fazer: todos os ingredientes devem estar crus, esses grãos trazem prosperidade, fartura, boas energias materiais. Coloque, um por vez, os grãos no pote, mentalizando dinheiro, prosperidade, segurança financeira, colocando por cima as folhas de louro e o trigo. Trigo nos traz a energia de progresso, de avanço e de andar para a frente. Deixe esse pote visível em sua residência ou local de trabalho.

ÁGUA DE ARROZ PARA ATRAIR A PROSPERIDADE

Separe a água que se lava o arroz, jogando-a nos cantos da casa ou do seu local de trabalho, mentalizando clientes, dinheiro e prosperidade. Faça, pelo menos, uma vez no mês.

RITUAL CIGANO DA PROSPERIDADE COM MAÇÃ

Materiais: 1 maçã vermelha, 7 moedas douradas, mel, açúcar, canela em pó, 7 cravos-da-índia, papel e lápis, prato branco, vela amarela.

Modo de fazer: escreva seu nome no papel com o lápis, coloque dentro do prato. Regue o papel com mel. Coloque a maçã em cima do papel, dentro do prato, regando também a maçã com mel. Coloque as moedas em volta da maçã. Ponha no prato pitadas de açúcar e de canela em pó, os cravos-da-índia, pedindo à linha Cigana prosperidade e dinheiro. Lembre-se de acender a vela também.

MAGIA CIGANA PARA CONQUISTAR UM AMOR

Materiais: 1 maçã bem vermelha e bonita, 1 potinho de mel, 1 papel branco, 1 lápis preto, 2 pires brancos, 1 copo com água, 1 vela ao anjo da guarda (branca), punhado de açúcar.

Modo de fazer: tire a tampa da maçã e faça um buraco no meio, retirando as sementes com cuidado, sem deixar vazar o conteúdo da fruta. Coloque-a sobre um pires branco e reserve. Com lápis preto, escreva o nome completo da pessoa amada no papel branco. Por cima do nome da pessoa, escreva o seu nome completo. Dobre o papel e coloque-o dentro da maçã. Complete com mel. Reserve. Pegue o copo com água, acrescente um punhadinho de açúcar e reserve também.

Usando outro pedaço de papel, escreva novamente os dois nomes, um em cima do outro. Coloque o papel dobrado dentro do copo com água. Se necessário, complete com mais água até bater na borda. Acenda a vela (sobre o segundo pires) e reze para Santa Sara Kali, fazendo seu pedido com fé.

Após realizar o ritual, jogue os restos da vela no lixo, enterre a maçã num vaso e jogue a água do copo por cima (os papéis estarão quase desmanchados). Reutilize os pires e o copo normalmente depois de lavá-los.

MAGIA CIGANA PARA SER FELIZ NO RELACIONAMENTO

Materiais: 3 rosas amarelas ou cor-de-rosa, 1 litro de água, 3 gotas do seu perfume preferido, 1 panela.

Modo de fazer: retire as pétalas das três rosas e coloque-as em uma panela com a água para ferver. Deixe em infusão até amornar e reserve. Após o seu banho normal, acrescente as gotas do seu perfume preferido no preparado. Jogue essa mistura no seu corpo, do pescoço para baixo, pedindo proteção e felicidade para a sua união. Melhor ainda se puder fazer esse banho com o seu par. Depois, jogue as pétalas no lixo.

MAGIA CIGANA PARA ENGRAVIDAR (SANTA SARA E AS CIGANAS DO AMOR E DA GERAÇÃO)

Materiais: 1 vela laranja, 1 vela rosa e 1 vela azul-clara em um prato branco virgem

Modo de fazer: acenda uma vela laranja, uma vela rosa e uma vela azul-clara no prato branco.

Faça a oração a seguir durante nove dias:

"Amada Santa Sara! No silêncio da minha alma, dirijo-me a vós e peço-vos com todo o amor que perdoeis a mim e aos meus semelhantes que porventura tenham me causado mal, proposital ou sem querer. Eu os perdoo também, pois sei que sois única e verdadeira rainha cigana, que abençoa e ampara todos! Sendo cigana ou não, pois sei que tendes muita luz para entender a pequenez humana, e sei que sabeis que não sois propriedade de ninguém, inclusive de etnias, sendo um espírito de muita luz, indo além disso tudo! Qualquer ser humano que se dirija a vós será amparado e abençoado por vossa luz!

Santa Sara, amparai-nos, abri nossos olhos espirituais para que não sejamos vítimas das injustiças e das maledicências. E que não tenhamos inimigos, pois todos nós somos irmãos! E que eu pratique a luz, a devoção a vós e que nunca aja de forma cruel com meus semelhantes, e que eles não se tornem cruéis, incluindo os que professam a vossa devoção!

Pela alegria dos ventos, da Lua Cheia, do Sol que nos ampara, através do fogo divino, pelas águas abençoadas que nos fornecem a vida e o alimento, pela terra em que piso com orgulho de ser sua devota, recorro a vós pedindo: amor, paz, luz, sorte, saúde para mim e minha família! Agradeço-vos também pela energia de luz que recebo neste momento. Eu, que oro e recebo de vós a luz de que necessito (faça o seu pedido). Pelas fitas coloridas, pelas rendas, pelas músicas alegres do Povo Cigano, dedico esta prece para todo o Povo Cigano e criaturas da natureza. Amém".

Observação: Depois, jogue os restos das velas no lixo e use o prato normalmente após lavá-lo.

MAGIA DOS CIGANOS DO ORIENTE PARA RECONCILIAÇÃO

Materiais: 1 alfinete, 2 velas brancas, mel, copo transparente virgem e ramo de salsinha.

Modo de fazer: com o auxílio de um alfinete, escreva sete vezes o nome da pessoa amada em uma vela branca. Unte essa vela com mel, seguindo sempre o sentido do pavio para baixo. Mentalize que essa vela representa seu amor e coloque outra junto a ela, bem encostada, simbolizando você. Acenda as duas, ao lado de um copo contendo água e um ramo de salsinha bem verde. Peça para a corrente dos Ciganos do Oriente trazer seu amado de volta.

MAGIA CIGANA PARA PROMOVER PAZ NO RELACIONAMENTO

Materiais: 3 velas rosa, 1 colher de ferro virgem, 1 maçã bem vermelha, prato branco virgem, papel, lápis, 8 tâmaras e mel.

Modo de fazer: vá a um rio ou cachoeira, acenda as velas formando um triângulo, e com o auxílio da uma colher, corte uma maçã em sete partes (não use faca). Coloque esses pedaços de maçã no prato, juntamente às oito tâmaras. Por cima da maçã, coloque seu nome e o nome do seu amado anotados num papel (escrito a lápis). Cubra tudo com mel, pedindo para os Ciganos trazerem paz, prosperidade e entendimento para vocês dois.

MAGIA CIGANA PARA CONSEGUIR UM AMOR

Materiais: 7 batatas-doces, açúcar, 1 vela rosa, papel, lápis, óleo de amêndoa doce, 1 faca, 1 moeda de um real e um prato branco virgem.

Modo de como fazer: cozinhe sete batatas-doces e amasse-as com bastante açúcar. Assim que obtiver um purê bem consistente, faça duas bolas, colocando no meio um papel com o seu nome e o nome da pessoa que você ama. Coloque as bolas do purê no prato branco. Com a ponta de uma faca, faça uma pequena abertura em cada uma. Nessas aberturas, despeje óleo de amêndoa doce e coloque a moeda. Leve essa oferenda para uma cachoeira ou rio e entregue para as Ciganas do Amor. Acenda a vela também.

PARA EVITAR MAU-OLHADO NO CASAMENTO

Pegue dois dentes de alho secos e coloque-os dentro de um copo com água de mina. Coloque esse copo debaixo da cama do casal e deixe lá numa sexta-feira, desde o momento em que seu marido/esposa se levantar até a hora em que ele/ela se deitar. Após isso, retire o copo e jogue seu conteúdo num vaso ou canteiro onde tenha plantado espada-de-são-jorge e comigo-ninguém-pode.

BANHO DA SORTE DOS CIGANOS KALDERASH

Esse banho proporciona grande sorte e prosperidade a quem dele se utiliza. Deve ser tomado três vezes seguidas a cada seis meses, na Lua crescente, à noite, sexta, sábado ou domingo. Antes do banho, acenda uma vela branca e reze para seu anjo de guarda.

Aqueça dois litros de água e adicione sândalo em pó, cravo e canela, açúcar cristal, sete gotas de perfume, noz-moscada, essência de patchuli, mel de abelhas puro, alevante e colônia. Jogue da cabeça para baixo mentalizando prosperidade, sem se enxugar.

BANHO CONTRA O OLHO GRANDE

Você deve fazer este banho na Lua minguante, segunda-feira e à noite. Acenda uma vela branca para o seu anjo de guarda, aqueça dois litros d'água e acrescente: raspa de casca de aroeira, um dente de alho socado, mel puro e sal grosso. Jogue por todo o corpo deixando escorrer sem se enxugar.

BANHO PARA DEFENDER E ACALMAR UMA CRIANÇA

Colocar em água aquecida um punhado de alfazema, esperar esfriar e jogar da cabeça para baixo. Acender uma vela branca e rezar o Pai-Nosso.

BANHO DE DEFESA CONTRA OS INIMIGOS

Aquecer dois litros d'água e acrescentar as seguintes ervas: vence-demanda, bem-com-deus e abre-caminho. Tomar esse banho segunda, terça e quinta-feira com vela branca para seu anjo de guarda acesa.

MAGIA CIGANA PARA SUPERAR UM OBSTÁCULO

Na hora em que o Sol estiver se pondo ou nascendo, faça uma cruz no chão, representando os quatro pontos cardeais: Norte, Sul,

Leste e Oeste. Acenda uma vela branca no ponto central dessa cruz e vá recitando a seguinte oração: "Recupera-se o perdido, rompe-se a dura prisão. Longe do furacão, cede-se o mar embravecido". Você certamente conseguirá o que deseja num prazo de dez dias. Quando isso acontecer, faça algum gesto caridoso a pessoas necessitadas.

MAGIA CIGANA PARA PROTEÇÃO DO LAR

No primeiro dia de Lua minguante, coloque em um balde com água limpa e meio quilo de sal grosso. Acenda uma vela branca e faça uma oração para o seu anjo de guarda para que proteja você durante a sua magia.

Acenda um incenso de cânfora e coloque um copo com água ao lado da vela. Lave as paredes de sua casa com a água e o sal do balde, rezando sempre uma oração de sua preferência. Coloque três rosas brancas em seu quarto.

MAGIA CIGANA PARA PROTEÇÃO DE VEÍCULOS

Material: uma garrafa de vinho tinto seco.

Modo de fazer: com a garrafa de vinho na mão direita, eleve-a acima da cabeça e consagre ao tempo e ao Povo Cigano, pedindo proteção para seu veículo contra roubo, colisões e importunações durante sua viagem.

Bata a garrafa três vezes levemente ao chão, saudando os Ciganos do Caminho, e faça uma cruz com o vinho em cada pneu do veículo partindo do lado do motorista (esquerdo), indo para trás, encerrando do lado do passageiro (à direita).

O restante do vinho que sobrar deixe na estrada oferecendo ao Povo Cigano (repita esta magia a cada seis meses).

MAGIA CIGANA PARA AFASTAR ENERGIAS NEGATIVAS DO LAR

Materiais: punhados de sete ervas (comigo-ninguém-pode, arruda, alecrim, guiné, espada-de-são-jorge, pimenteira e manjericão); 1 litro de água; 1 balde; 1 pano de chão; 1 rodinho.

Modo de fazer: ferva as ervas na água e espere esfriar. Coe e despeje num balde. Complete com água limpa até encher o recipiente. Molhe o pano de chão no preparado e, com a ajuda de um rodo, vá passando nos cômodos da sua casa, começando pelos fundos até chegar à porta da frente.

Umedeça o pano sempre que necessário. Quando chegar à porta da frente, torça o pano e jogue o restante da água do balde na calçada (se você morar em apartamento, despeje a água no ralo do tanque ou no vaso sanitário). Jogue os restos das ervas no lixo. Os utensílios podem ser reutilizados normalmente.

MAGIA CIGANA PARA PURIFICAR SUA MORADA

Materiais: 1 pedra de anil; 1 litro de água; 1 balde; 1 pano de chão; 1 rodinho; 1 incenso da sua preferência.

Modo de fazer: coloque a água no balde e dissolva a pedra de anil nela. Umedeça o pano de chão nessa mistura e, com a ajuda de um rodo, limpe a sua casa, começando pelos cômodos do fundo até chegar à porta da frente.

Torça o pano e jogue o resto da água do balde na calçada em frente à sua casa (caso more em apartamento, despeje a água no ralo do tanque ou no vaso sanitário). Em seguida, acenda o incenso para afugentar os maus espíritos, percorrendo todos os ambientes. Quando ele acabar de queimar, sopre as cinzas ao vento.

MAGIA CIGANA PARA DEFESA CONTRA OS MALEFÍCIOS

Durante a Lua minguante, misture sal, pimenta, pedaços de frutas e folhas de capim-cidreira em uma vasilha com água fervente. Quando esfriar, coloque dentro de um vidro e tampe. Deixe ao lado da sua cama e, todos os dias, antes de dormir, peça a proteção da Cigana Samara, jogando um pouco da mistura em um dos ralos de sua casa. Faça isso até terminar o conteúdo.

RITUAL CIGANO MILAGROSO DE CURA

Esse ritual deve ser feito com amor e responsabilidade. Lembre-se sempre de que o "Ritual da Cura" não substitui tratamentos médicos: remédios e terapias administrados por médicos e demais profissionais da saúde devem ser seguidos à risca. Esse ritual funciona como um complemento aos procedimentos convencionais da medicina e áreas afins.

Materiais: 1 copo com água mineral, 1 pires branco virgem, 1 guardanapo e 1 vela laranja.

Modo de fazer: na hora de ir dormir, pegue o copo com água e cubra-o com o guardanapo. Acenda a vela sobre o pires. Reze um Pai-Nosso e uma Ave-Maria à Santa Sara e peça sua intercessão à doença manifestada, posicione as duas mãos acima do copo para que a água possa ser energizada. Beba em três goles após o ritual.

Observação: repita no mínimo sete dias esse ritual.

RITUAL CIGANO DE PURIFICAÇÃO DO CORPO FÍSICO, ESPIRITUAL E DOENÇAS

Material: um ovo branco.

Modo de fazer: segure o ovo na mão direita e eleve-o ao sétimo plano (acima da cabeça com o braço estendido), consagrando-o a Santa Sara e ao Povo Cigano.

Logo após comece a passá-lo em todo o corpo, pedindo à Santa Sara e aos Ciganos que puxem para dentro do núcleo do ovo todas as doenças, os malefícios, os carregos, etc. (se tiver alguma doença, concentre mais tempo no local afetado).

Quando sentir não ter mais onde passar, vá para fora de casa, pegue uma bacia ou balde e quebre o ovo com a mão direita.

Observação: caso o ovo não quebre, deixe-o em um lugar reservado ou altar e tente todos os dias quebrá-lo; caso não quebre em sete dias, vá a uma rua e jogue-o para trás das suas costas sem olhar e continue andando para a frente; evite passar pelo local no mínimo três dias.

RITUAL CIGANO DE PURIFICAÇÃO DE AMBIENTES

Materiais: 1 limão, 7 cravos-da-índia e um pedaço de barbante de 60 centímetros.

Modo de fazer: fazer um furo vertical de lado a lado pelo umbigo do limão, passar o barbante e dar três voltas nos do fundo, ficará como um pêndulo, espetar os cravos-da-índia no limão. Após todo o preparo, coloque o limão na mão direita e peça a Santa Sara e aos Ciganos protetores que consagrem os elementos e que eles assumam capacidades adstringentes e purificadoras.

Pendure próximo à porta de entrada; se quiser, pode fazer isso para cada porta da casa, principalmente dos quartos, promovendo proteção e paz no sono.

SUPERBANHO CIGANO PARA ATRAÇÃO FINANCEIRA E DO AMOR

Material: 3 paus de canela, 7 cravos-da-índia sem a pimenta (bolinha), 3 colheres de chá de erva-doce, 3 anises-estrelados, mel e perfume (que mais usa).

Modo de fazer: leve ao fogo um recipiente com água mineral ou filtrada, a canela, o cravo, a erva-doce e o anis-estrelado; deixe ferver por três minutos e coloque em repouso até esfriar. Depois, coloque 7 gotas de mel e 7 gotas ou esguichos do seu perfume, mexa com a mão direita em sentido horário para misturar.

Após o banho de asseio, jogue o banho da cabeça aos pés, pedindo a Santa Sara e ao Povo Cigano o que for necessário para seu progresso financeiro ou sentimental.

Não se enxugue, tome este banho para sair.

ORAÇÃO PARA BÊNÇÃO DO DINHEIRO

"Santa Sara, Amada Mestra, abençoa meu dinheiro para que ele se multiplique assim como Jesus multiplicou os peixes. Que cada moeda e nota sejam mil em minhas mãos. Obrigado, Amada Sara! EU SOU o dinheiro de que preciso! EU SOU (3x)."

ORAÇÃO PARA SANTA SARA KALI PARA PROSPERIDADE

"Salve minha Santa Sara, mãe de todos os ciganos desta terra ou do além-túmulo.

Mãe de todos os ciganos e protetora das carruagens ciganas.

Invoco seu poder, minha poderosa Santa Sara Kali, para que abrande meu coração e tire as angústias que depositaram aos meus pés.

Santa Sara, me ajude!"

Abra meus caminhos para a fé no seu poder milagroso.

A senhora venceu o mal, todas as tempestades e caminhou nas estradas em que Jesus Cristo andou.

Mãe dos mistérios ciganos, que dá força a todos os ciganos no dom da magia, me fortaleça agora.

Bondosa Santa Sara, abrande os leões que rugem para me devorar.

Santa Sara, afugente as almas perversas para que não possam me enxergar.

Ilumine minha tristeza para a felicidade chegar.

Rainha, atravessou as águas dos rios e do mar e não afundou. Invoco seu poder para que eu não afunde no oceano da vida.

Santa Sara, sou pecador, triste, sofrido e amargurado.

Traga-me força e coragem, como dá a todo o Povo Cigano.

Mãe, senhora e rainha das festas ciganas.

Nada se pode fazer em uma tenda cigana sem primeiro invocar seu nome, e eu invoco pelo meu pedido, Santa Sara.

Tocam os violinos, caem as moedas, dançam as ciganas de pés descalços em volta da fogueira, vem o cheiro forte dos perfumes ci-ganos, as palmas batendo, louvando o Povo de Santa Sara.

Que o Povo Cigano me traga riquezas, paz, amor e vitórias.

Agora e sempre louvarei seu nome, Santa Sara, e de todo o Povo Cigano.

Assim seja e assim será."

ORAÇÃO AOS CIGANOS DA CURA

"Clamo aos Ciganos da Cura, que conhecem todos os segredos dos elementos que existem na natureza...

Liberem as energias das ervas que curam, regeneram, purificam e cicatrizam.

Liberem as energias dos cristais que transmutam, renovam e energizam.

Liberem as energias das flores que perfumam, acalmam, acolhem e acariciam.

E que, com a força do punhal cigano, todo mal seja cortado e cauterizado para não mais voltar.

Que assim seja. Amém!"

Considerações Finais

Esperamos que esta obra tenha muita serventia aos trabalhadores de Umbanda, trazendo-lhes as informações necessárias para um melhor entendimento sobre essa maravilhosa linha de Ciganos e Ciganas espirituais na Umbanda.

Vivemos em um tempo de muitos questionamentos e concordamos que toda evolução se dá dessa forma. Não devemos esquecer que temos princípios fundamentadores e estes não mudam nem devem ser mudados em nenhum momento da existência da religião.

Pode ser que muitos não tenham se atentado, mas toda religião tem um princípio de existência, e a Umbanda também tem o seu instituído por nosso fundador, o Caboclo das Sete Encruzilhadas, quando reproduz a célebre frase: "[...] com os mais evoluídos aprenderemos, aos menos evoluídos ensinaremos, mas a nenhum negaremos amor [...]". Essa colocação, na verdade, é a afirmação do maior compromisso da Umbanda e do umbandista, mas na prática não é bem assim que as coisas se dão, não é? Ciganos, Malandros, Cangaceiros são tão contestados, e as pessoas não notam que todos estão se manifestando na Umbanda há muitas e muitas décadas... Então não tínhamos de aceitar todos eles? Independentemente de qualquer coisa?

Então, meus irmãos, que esta obra e outras que virão ajudem promovendo reflexão e um conhecimento mais estendido sobre esses nossos pais e mães espirituais que trabalham arduamente para a evolução espiritual dos seres.

Umbanda tem fundamento, mas é preciso se preparar, pois estudar é a busca do entendimento e a abertura da evolução, e ser umbandista é estar em constante estado evolutivo.

Salve Santa Sara Kali!

Arriba, Povo Cigano!

Arriba, Cigano Ramiro!

Saravá, meus irmãos umbandistas!